황정민의 P.S. 아이러브유

황정민의 P.S. 아이러브유

초판 1쇄 인쇄 2008년 9월 25일   초판 1쇄 발행 2008년 10월 3일

지은이 황정민   펴낸이 김태영

비즈니스 3파트장 박선영
기획편집 1분사_ 편집장 최혜진
1팀_가정실 김세희   2팀_한수미 정지연   디자인팀_김정숙 하은혜 차기윤
마케팅분사_박신용 이재원   제작 이재승 송현주 황수영

펴낸곳 (주)위즈덤하우스   출판등록 2000년 5월 23일 제13-1071호
주소 서울시 마포구 도화동 22번지 창강빌딩 15층   전화 704-3861   팩스 704-3891
전자우편 yedam1@wisdomhouse.co.kr   홈페이지 www.wisdomhouse.co.kr
출력 공간   종이 화인페이퍼   인쇄 (주)현문   제본 광성문화사

값 11,000원   ⓒ황정민, 2008   ISBN 978-89-5913-333-8 03810

* 잘못된 책은 바꿔드립니다.
* 이 책의 전부 또는 일부 내용을 재사용하려면
  사전에 저작권자와 (주)위즈덤하우스의 동의를 받아야 합니다.

국립중앙도서관 출판시도서목록(CIP)

황정민의 P.S. 아이러브유 / 황정민 지음. --서울 : 위즈덤하우스, 2008 P. ; cm
ISBN 978-89-5913-333-8 03810 : ₩11000
수기(글)[手記]
818-KDC4 895.785-DDC21   CIP2008002882

황정민의
P.S.
아이러브유

모닝파트너 황정민의 따뜻한 아침, 따뜻한 동화

☆ 이 책은 방일영문화재단의 지원을 받아 저술, 출판되었습니다.

프롤로그
가족이란 이름의 인연

낭창한 허리! 아찔한 의상! 화려한 금빛 왕관에 세계 평화를 책임지는 불타는 정의감까지! 어린 시절 봤던 「원더우먼」은 제 마음을 사로잡기에 충분했습니다. 당장에 보자기와 금박지를 총동원해 원더우먼 의상 제작에 들어갔습니다. 우스꽝스러운 원더우먼 복장을 입은 제가 무대로 삼은 곳은 기껏해야 '우리집'이었습니다. 원더우먼 복장을 한 채 우리 집의 평화와 질서를 구경(사실 그런 걸 사수하는 건 대체로 어른들의 몫이었으니까요)하고 있으면, 퇴근하고 들어온 아버지는 절 보며 늘 감탄을 해주셨습니다. '너무 이쁘다' '우리 원더우먼 최고다' 하시면서 말이죠. 그런 말을 들었을 때의 으쓱함이란!

    그런데 나이가 들어도 전 여전히 원더우먼이 되기를 꿈꾸나 봅니다. 금빛으로 번쩍이는 팔찌와 왕관, 그리고 그 섹시하고 멋진 의

상은 포기했더라도 회사일과 부부 생활을 성공적으로 하고 싶었고, 가정과 육아에도 충실하고 싶었습니다. 그러나 꿈은 꿈일뿐 실현은 만만치 않네요. 일은 열심히 한다고는 하지만 때로 현상 유지도 힘들 때가 많고, 부부 생활은 어떻게 사는 게 정답인지 미궁 속으로 빠져만 들고, 처음이어서 그렇다고 혼자 위로해 보지만 아기 돌보기는 계속되는 장애물 경기처럼 나아질 기미가 보이지 않습니다. 그저 오늘이 얼마나 힘들고 정신없었는지 잊어버리고 다시 내일을 맞이하는 제 건망증이 고마울 따름입니다.

아기를 낳고 저만의 생활이 없어지자 당연히 그래야지 하고 수긍하면서도 은연중에 스트레스를 받게 되더군요. 그나마 일을 하고 있을 때는 마음이라도 덜 불안했습니다. 뭐 대단한 일을 하는 것은 아니지만 그래도 뭔가를 하고 있으면 충만감이 차올랐고, 특히 글 쓰는 동안에는 치유의 느낌마저 들었습니다.

처음 책을 출간하자는 제안을 받은 건 3년 전입니다. 예전에는 마음먹은 건 시간 안에 해냈고, 또 벼락치기라면 자신이 있어서 가능하다고 생각했습니다. 하지만 계획만 하고 아예 시작도 못하는 일들이 점점 늘어나더군요. 이렇게 글 쓰는 기간이 길어지다 보니 제게도 많은 변화가 생겼습니다. 영원할 것만 같던 싱글에서 아내로 다시 엄마로 위치가 바뀌었습니다. 책에는 제게 일어난 이런 변화들이 고스란히 담겨 있고, 글보다 삶의 변화가 더 빨라 미처 다 못 담은 이야기는 P.S. I LOVE YOU라는 후기 형식으로 추가했습니다.

결혼을 하고 나니 주위에서 "좋지 좋지? 일찍 할 걸 그랬지?" 하고 물어왔지만 솔직히 말하자면 그 기간 동안 저는 신랑과 일생 동안 싸울 걸 한꺼번에 다 싸워버렸습니다. 서로에게 "정말 내 맘을 그렇게 모르겠어"라고 말하며 티격태격 다툰 일들과 그런 과정을 거치며 아주 조금씩 서로를 이해하는 과정을 1부에 담았습니다.

특히 결혼하고 아이를 갖게 되며 이상할 정도로 감정의 폭이 크고 예민해져서 부모님 생각에 혼자 눈물짓곤 했습니다. 연세가 많아 이제는 제가 돌봐드려야 하는 아빠는 여전히 저를 위해 "뭐든 아빠가 해결해 줄게, 정민아"라고 말씀하십니다. 결혼하고 보니 친정엄마가 우리 엄마여서 얼마나 고마운지 느껴질 때도 많고요. 요즘도 아이를 보고 있노라면 부모님 생각이 간절해집니다. 제 자식 돌보느라 마음만큼 찾아뵙지 못하니 그리움만 더 깊어가 부모님에 대한 이야기가 많아졌습니다.

2부는 엄마가 되고 나서의 이야기들입니다. 저마다 역할도 다르고 누리는 것도 다르지만 꼭 그만큼의 보람과 노역은 있더군요. 하루 종일 아기를 쫓아다니다 보면 "힘들어 죽겠어"라는 말이 절로 나오지만 살포시 들어가는 보조개, 개구쟁이 특유의 함박웃음 한방이면 모든 피로가 사라집니다. 건강하게 잘 자라주는 것이 엄마에게는 얼마나 고마운 일인지 이제는 알겠습니다.

3부에서는 싱글이었던 시절의 추억 같은 이야기들을 모았습니다. 혼자였을 때가 있었나 싶을 정도로 아득하기도 하지만 이렇게 글을 써놓고 보니 그 시절을 부러운 시선으로 되돌아보게 됩니다.

글은 동화책을 지렛대 삼아 쓰여졌습니다. 처음에는 아기를 위해 뭔가는 해야지 하는 마음에 태교 삼아 한 권 두 권 읽기 시작했습니다. 동화책 읽기가 솔직히 태교에 얼마나 도움이 되었는지는 모르겠지만 오히려 그렇게 읽었던 동화책 덕분에 제 안에 웅크리고 있던 어린 시절의 저와, 그리고 그로부터 별로 멀리 가지 못한 지금의 제가 재회할 수 있었습니다. 또한 책을 읽고 글을 쓰는 과정을 통해 가족이라는 것, 부모가 된다는 것, 한 생명을 온전히 책임진다는 것에 대해 깊이 이해하고 납득하는 과정을 겪었으니 저에게는 은혜로운 시간이었습니다.

저처럼 사랑하는 사람과 함께 우리집을 만들어가고 있거나 만들어갈 당신에게 이 책이 따뜻한 격려가 되길 바랍니다.

2008년 가을
황정민

추천의 글
당신의 모닝파트너

10년을 하루 같이 톡톡 튀는 목소리로 아침을 열어온 당신의 모닝파트너 황정민이 이제 사랑스런 아기를 키우는 이쁜 아줌마가 되었습니다. 연애와 직장생활을 말하던 그녀가 아가와 살림 이야기로 대화의 폭을 넓힌 것입니다. 덕분에 훨씬 더 성숙해진 그녀가 삶의 지혜를 따뜻한 동화책에서 찾았습니다.

바쁜 회사생활 틈틈이 하던 새콤달콤 연애 이야기, 사랑의 콩깍지가 씌워 올리게 된 웨딩마치, 아무 대책 없이 만나게 된 첫 아이, 아가를 떼어놓고 직장에 복귀한 후 워킹맘으로 살아가는 모습……. 조금은 특별할 것 같던 그녀의 평범하고 공감 가는 삶의 이야기가 동화를 만난 것입니다.

때로는 가슴 뭉클하고 더러는 슬며시 미소가 번지는 이야기를 잘도 찾아낸 그녀는 혼자서 책장을 넘기지 않았습니다. 어린 시절 읽으며 꿈을 키웠던 소설, 서양에서는 프러포즈용으로 사랑받는다는 동화, 아가에게 읽어주며 엄마 아빠가 더 가슴에 새겨보아야 할 책을 특유의 맛깔 나는 입담으로 풀어내 우리에게 선물한 것입니다.

바쁜 걸음을 잠시 멈추고 향이 좋은 차 한 잔 손에 들고 그녀와 함께 동화의 세계로 들어가보면 어떨까요. 동화란 현실의 거울이고, 현실이란 동화의 반사경이니까요.

이금희 · 방송인

차례

프롤로그 가족이란 이름의 인연 ★ 5
추천의 글 당신의 모닝파트너 · 이금희 ★ 9

첫번째 페이지 우리 결혼했어요

프러포즈는 언제 할 거야 ★ 『흰 토끼와 검은 토끼』 ★ 17
아기의 태명, 마돈나 혹은 아슬란 ★ 『당나귀 실베스터와 요술 조약돌』 ★ 24
신랑이 좋아 ★ 『아빠가 좋아』 ★ 31
텔레비전이 좋아, 내가 좋아 ★ 『돼지책』 ★ 38
아빠가 최고야 ★ 『우리 아빠가 최고야』 ★ 45
언제까지나 사랑해, 엄마 ★ 『언제까지나 너를 사랑해』 ★ 53
우리 엄마여서 너무 고마워 ★ 『친정엄마』 ★ 61
아빠가 뭐든 해결해 줄게 ★ 『할머니가 남긴 선물』 ★ 68
얼렁뚱땅 엉터리 신자 ★ 『옳고도 아름다운 당신』 ★ 76
방송인 황정민에서 인간 황정민으로 ★ 『강아지똥』 ★ 82
성가정입양원의 천사들 ★ 『빨간 머리 앤』 ★ 87
괴로울 때가 오히려 천 배는 즐거워 ★ 『새들은 시험 안 봐서 좋겠구나』 ★ 97

두번째 페이지 **엄마 연습**

아기가 느껴져 ★ 『뱃속 아기와 나누고 싶은 그림책 태담』 ★ 107
아내의 가출 ★ 「펠레의 가출」 116
아기 키우기는 어려워 ★ 『사과가 쿵!』 124
일하는 엄마의 산후우울증 ★ 『쏘피가 화나면—정말, 정말 화나면…』 ★ 132
때로는 남편보다 아줌마가 더 필요해 ★ 『엄마의 의자』 140
억척엄마와 불량엄마 ★ 『좋은 엄마 학원』 ★ 149
내일 또 놀자 ★ 『잘 자요, 달님』 ★ 157
시간이 없어 ★ 『모모』 ★ 166

세번째 페이지 싱글 추억

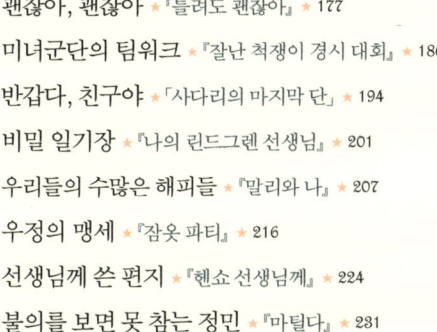

괜찮아, 괜찮아 ★ 『틀려도 괜찮아』 ★ 177
미녀군단의 팀워크 ★ 『잘난 척쟁이 경시 대회』 ★ 186
반갑다, 친구야 ★ 「사다리의 마지막 단」 ★ 194
비밀 일기장 ★ 『나의 린드그렌 선생님』 ★ 201
우리들의 수많은 해피들 ★ 『말리와 나』 ★ 207
우정의 맹세 ★ 『잠옷 파티』 ★ 216
선생님께 쓴 편지 ★ 『헨쇼 선생님께』 ★ 224
불의를 보면 못 참는 정민 ★ 『마틸다』 ★ 231

에필로그 P.S. I Love You ★ 239

첫번째 페이지
우리 결혼했어요

프러포즈는 언제 할 거야?

결혼을 하고 얼마 안 있어 아기가 생겼습니다. 결혼하고, 임신하고, 출산하기까지, 신랑과 저에게 지난 몇 년간은 생애에서 가장 바빴던 한 시기가 아니었나 싶습니다. 바쁘게 살다보니 아기를 갖고도 제대로 태교를 하기가 어려웠습니다. 은근슬쩍 불안해진 제가 동화책을 읽어주는 게 태교에 효과적이라고 하자, 신랑은 혼자 읽으라고 하더군요.

여기서 물러설 제가 아니죠. 아빠의 저음으로 동화책을 읽어줘야 뱃속의 아이가 좋아하고 아빠의 목소리를 기억하게 된다고 설득했습니다. 제가 임신했을 때 신랑은 특히 신경 써야 할 일이 많았고,

그 일들이 잘 풀리지 않아 내내 바쁘기만 했습니다.

제가 이런 하소연을 했더니, 친한 언니가 그림책 몇 권을 선물해 주었습니다. 그중 한 권이 가스 윌리엄스의 『흰 토끼와 검은 토끼』입니다. 막상 그림책을 가져가니 신랑은 의외로 순순히 "그럼 한 번 읽어볼까" 하며 책을 펼쳐 들더군요. 이렇게 해서 처음으로 우리 부부는 아이를 위해 『흰 토끼와 검은 토끼』를 읽기 시작했습니다.

흰 토끼 한 마리와 검은 토끼 한 마리가 넓은 숲 속에 살고 있었습니다. 둘은 말 타기도 하고 숨바꼭질도 하며 재미있게 놀았습니다. 어느 날, 검은 토끼에게 무슨 일이 생긴 듯 보입니다. 검은 토끼가 자꾸 멍하니 생각에 잠기고, 흰 토끼가 물어도 대답도 잘 하지 않았습니다. 무슨 이유일까요? 바로 검은 토끼의 마음속에 '언제까지나 흰 토끼와 함께 지내고 싶은' 바람이 자리한 것이지요. 사랑에 빠진 검은 토끼라니! 흰 토끼는 처음엔 눈이 동그래졌지만, 검은 토끼의 사랑 고백을 듣습니다. 그리고 둘을 위해 숲 속의 동물들은 결혼을 축하하는 춤을 춥니다.

이 그림책은 외국에서는 프러포즈할 때 연인에게 선물하기도 한답니다. 아직 부모 될 준비도 채 안 되어 있던 우리 부부는 이 책을 읽으며 "이 책 그림책 맞아? 아기에게 읽어주기에는 너무 야한 거 아냐" 하며 머쓱해했습니다. 그림책에는 토끼 두 마리가 서로 사이

좋게 노는 모습이 나옵니다. "우리 말 타기 놀이 할까?" 하고 흰 토끼가 물으면, 검은 토끼는 "깡충 깡충 까앙충" 하면서 뛰어 흰 토끼의 등 위에 올라탑니다. 우리는 서로를 쳐다보며 "야한 상상 했지" 하며 웃기도 했습니다.

이렇게 두 마리 토끼의 사랑을 읽으며 우리도 놀이 하나를 만들었습니다. 그림책에서 본 구절, "언제 언제 언제까지나 아침을 함께 하고 싶어" 하는 구절에 빗대어 제가 신랑에게 "언제 언제 언제까지나 사랑해?" 하고 물으면 신랑이 "깡충 깡충 까앙충" 하고 대답을 하는 거지요. 그림책 속에서 흰 토끼와 검은 토끼가 사랑을 확인하던 말이, 우리 둘만의 사랑을 고백하고 확인하는 말이 되었습니다

『흰 토끼와 검은 토끼』의 이 멋진 프러포즈를 보고 무엇보다 먼저 떠오른 건, 제가 남편에게 받은 프러포즈입니다. 뭐랄까. 결혼하기로 내심 결심은 했지만 저는 왠지 모르게 억울해서 정식으로 프러포즈를 받기 전에는 결혼할 수 없다고 엄포를 놓았습니다.

일은 착착 진행되었습니다. 우리 둘은 프러포즈하는 날을 정했습니다. 방송이란 사실 늘 이벤트와 다름없는 일이어서, 저는 이벤트를 그다지 좋아하는 편은 아닙니다. 그렇지만 무언가 시도조차 하지 않는 그에게 성의가 부족하다는 생각이 들었던 거지요.

삼겹살에 소주 스타일인 그가 그날은 정장을 갖춰 입고 나섰습

니다. 레스토랑을 찾아 차를 몰고 가면서 제가 물었습니다. "자기, 예약은 했어?" 그는 "아니"라고 말하면서도 천하태평이었습니다. 워낙 사람들이 잘 모르는 곳이라 예약을 안 해도 된다는 거였지요. 슬슬 불안해지기 시작했습니다. 목적지에 도착해 보니 레스토랑은 온데간데없고 그 자리에 생맥주집이 생겼더군요. 예약을 안 해도 될 정도로 너무 한적하다 못해 망해버린 거였지요.

갑자기 그가 당황하기 시작했습니다. 이 사람이 아는 레스토랑이라고는 딱 두 곳. 한 곳은 망했으니 다른 한 곳에 가야 했죠. 뭐 그러면서 계속 하는 말이, 자기는 늘 예약이 필요 없는 삼겹살 집에만 다녀서 그렇다며 변명 아닌 변명을 하는 거였습니다.

아직 이른 시간이어서, 다행히 다시 찾아간 레스토랑에는 예약 없이도 자리가 있었습니다. 어색해하던 그가 이번에는 제게 메뉴를 골라달라고 하더군요. 그때는 제 눈에 뭐가 씌었던가봅니다. 그가 안쓰럽게 느껴지면서 제가 앞으로 같이 살면서 이럴 때마다 맛있는 걸 골라줘야겠다는 생각을 했으니 말입니다.

그날의 하이라이트인 프러포즈를 해야 할 시간이 되었습니다. 그는 가장 인상 깊은 프러포즈는 개그맨 이경규의 말이었다며 이야기를 시작했습니다. "앞으로 고생 좀 같이 합시다." 이경규의 충고 중에는 아내에게 "절대 행복하게 해주겠다는 말을 하면 안 된다"도 있었다고 합니다. 아니, 아무리 그렇기로, 이 사람, 그날 제게 정말로 "고생 좀 하자"라고 프러포즈를 했답니다.

지금 생각하면 정말 제가 왜 그랬나 싶지만, 그가 그 말을 했을 때 저는 속으로 '이 사람 유머감각 있네' 라는 생각을 했답니다.

저는 프러포즈 무효를 외쳤고, 그는 다시 날을 잡아 정식으로 프러포즈를 하겠다고 굳게 다짐했습니다. 결국 이런저런 일 때문에 프러포즈는 연기되었고, 그러다보니 결혼을 먼저 하게 되었답니다. 모든 것에는 때가 있습니다. 인생에서 제일 중요한 것은 타이밍. 부디 때를 놓치지 마시길!

☆ 『흰 토끼와 검은 토끼』, 가스 윌리엄스 글·그림

P.S. I LOVE YOU

또 한 가지 제가 그에게 끌렸던 것은,
그가 "저는 힘들고 어려운 일이 있을 때는 늘 만화방에 가서
하루 종일 만화를 보고 돌아옵니다.
그러고 나면 마음이 좀 진정되거든요"라고 수줍은 듯
말했을 때였습니다.
저도 만화로 'ㄱㄴㄷ'을 깨우친지라, 왠지 마음 한구석에는
'만화 좋아하는 사람치고 나쁜 사람은 없다'라는
강한 믿음이 있었거든요.
지금도 우리 집 화장실 벽에 만들어놓은 책장에는
『마스터 키튼』을 비롯하여 『피아노의 숲』『20세기 소년』등이
빼곡히 꽂혀 있습니다.

아기의 태명, 마돈나 혹은 아슬란

『흰 토끼와 검은 토끼』를 재미있게 읽고 나서 태교를 겸하여 또 무슨 책을 읽을까 고민하다가, 책이 예쁘고 글이 적어야 신랑이 부담을 갖지 않을 거란 전략 아래 고른 책이 『당나귀 실베스터와 요술 조약돌』입니다. 책을 골라놨는데도 신랑이 늦게 들어오는 탓에 혼자서 확 읽어버릴까 하는 생각도 했지만, 신랑이 읽어주길 참을성 있게 기다렸습니다.

기다린 보람 끝에 『당나귀 실베스터와 요술 조약돌』은 신랑이 두번째로 읽어준 동화가 되었습니다. 56쪽밖에 안 되는 그림동화를 신랑은 무려 3주에 걸쳐 읽어줬습니다. 마치 560쪽이나 되는 어려운 책이라도 읽어주는 양, "너무 많이 읽었다. 오늘은 여기까지만!" 하면서요.

신기한 조약돌을 모으는 걸 즐기는 당나귀 실베스터는 어느 날 냇가에서 조약돌 하나를 줍습니다. 실베스터가 주운 조약돌은 보통 조약돌이 아니었습니다. 소원을 이루어주는 요술 조약돌, 내리던 비도 그치게 할 수 있는 요술 조약돌이었습니다.

소원을 모두 이룰 수 있게 되었다고 좋아하던 실베스터는 집으로 가는 길에 사자를 만납니다. 사자를 보고 너무 놀라고 무서운 나머지 실베스터는 속으로 바위로 변했으면 좋겠다고 말해 버립니다. 아뿔싸! 실베스터는 요술 조약돌 때문에 그만 바위로 변해버리고 맙니다.

그런 줄도 모르고 엄마 아빠는 실베스터를 찾아 온 동네를 뒤집니다. 시간은 속절없이 흐르고, 엄마 아빠는 실베스터를 그리워하다가 실베스터가 바위가 된 딸기 언덕으로 소풍을 갑니다. 그리고 바위로 변한 실베스터 위에 소풍 자리를 마련하다가 그 곁에 떨어져 있는 요술 조약돌을 발견하고는 실베스터를 생각합니다. 그리고 마침내, 바위가 되었던 실베스터는 당나귀로 돌아와 그토록 그리워하던 엄마 아빠를 만나게 됩니다.

오랫동안 『뉴요커』지의 카툰을 그렸다는 윌리엄 스타이그는 매우 만화적인 그림을 보여주는데, 그가 이 책을 통해 보여주는 것은 세상 무엇보다 소중한 가족의 이야기입니다.

실베스터가 사라지자 엄마와 아빠는 예전처럼 살아갈 수가 없습니다. 엄마와 아빠 주위의 꽃들조차 시들 정도였지요. 신랑과 저는 이 대목에서 "자식이란 건 참, 이렇겠구나" 하며 똑같이 서로의 얼굴을 마주 바라다보았습니다. 아마 부부가 헤어져도 이렇게까지 애달프게 찾아다니며 그리워하지는 않겠지요.

"우리 마돈나도 태어나면 이럴까" 하고 신랑이 말하더군요. 마돈나가 누구냐고요? 제가 뱃속 아기에게도 이름이 필요하다고 하자 신랑이 대뜸 지어준 태명이랍니다. 그 당시 우리가 인상 깊게 본 영화가 「천하장사 마돈나」였거든요.

이해영·이해준 감독의 「천하장사 마돈나」라는 영화를 아시나요? 여자가 되고 싶은 키 작은 남자아이 동구의 이야기입니다. 아직 보지 못했다면 꼭 보시기 바랍니다. "아니, 마돈나는 여자잖아. 만약 남자 아기면 어떻게 하려고?" 제 말에 신랑은 또 잠깐 궁리하더니 아슬란이라는 이름을 제안했습니다. 『누들누드』로 잘 알려진 양영순 작가의 『천일야화』라는 만화의 주인공이 바로 아슬란입니다. 천일야화의 모티브만을 가져와 아주 색다른 이야기로 만든 만화이지요. 아슬란은 천하를 다스리는 황제지만 부인에게 버림받은 왕이고

그 배신감을 이기지 못해 밤마다 처녀를 불러들여 하룻밤을 보내고는 죽이지요. 물론 현명한 처자를 만나긴 하지만 양영순의 『천일야화』에서는 결국 죽고 마는 비운의 캐릭터입니다.

 이게 뭔가요. 그러니까 마돈나나 아슬란이나, 다른 부모들 같으면 절대 태명으로 부르지 않을 이름 아닌가요. 들리는 말로는, 어떤 부부는 아기가 생기면 그날부터 한 사람은 위인전을 읽고, 다른 한 사람은 천자문을 배우고, 혹은 부부가 합심하여 피아노를 배운다고 하더군요. 다들 아이를 위해 완벽한 준비를 한다는데 말이지요. 어쨌든 우리는 그때그때의 느낌에 따라 태명을 불렀답니다.

 6개월쯤 되었을 무렵 병원에 갔더니 의사선생님이 초음파 사진을 보여주셨습니다. 특히 코를 가리키며 말씀하시더군요. "코가 오똑한 게 예쁘게 생겼네요." 그런데 저희 부부가 아무리 초음파 사진을 들여다봐도 뭉크의 「절규」 속 형상으로밖에는 안 보이더군요. 신랑은 사진을 이리저리 살펴보더니 겨우 한마디 하더군요. "이걸 보고 코가 오똑하니 예쁘게 생겼다고는 차마 말 못 하겠는걸."

 제가 이 얘기를 시댁 식구들에게 했더니, '예쁘다'고 했으니 딸이라고들 하시더군요. 다들 의사선생님의 한마디 한마디에 신경과 촉각을 곤두세웠습니다. 저도 궁금하긴 했지만 굳이 물어볼 필요도 없고 물어본들 뭐할까 싶었습니다.

그 후 만삭이 되어 병원에 가니 이번에는 의사선생님이 "정민 씨는 하나도 안 닮았네요" 하시더군요. 아니, 그러면 남자아기라는 말일까? 그동안 코가 오똑하니 예쁘다고 해서서 여자인 줄 하고 내내 마돈나라고 불렀는데…… 마돈나가 아니라 아슬란인가?

우리는 마지막까지 마돈나냐 아슬란이냐 하는 궁금증을 끝까지 즐길 겁니다. 신랑은 모든 일에는 '쪼는 맛'이 있어야 한다고 거듭니다.

어른들은 말합니다. "그게 다 재미다. 금덩어리를 갖다 준들, 태어날 아기 생각하는 것보다 재미나겠냐"고요.

☆ 『당나귀 실베스터와 요술 조약돌』, 윌리엄 스타이그 글·그림

P.S. I LOVE YOU

초음파 사진을 가지고는 아기의 얼굴을 전혀 상상할 수 없었는데,
나중에 그 사진을 보니 신기하게도 아기의 모습이
그대로 드러나 있더군요.
끝까지 아기가 남자인지 여자인지 모르는 것도 재미있습니다.
사람들은 그러면 어떻게 아기 옷을 준비하냐고 하지만,
흰색도 있고 노란색도 있고 무슨 색을 준비한들 어떻습니까?
여자아기들은 핑크색, 남자 아기들은 푸른색 일색인 것이
오히려 부담스럽던걸요. 건강하게 태어나준 우리 아기에게
감사할 따름입니다.

신랑이 좋아

제가 신랑과 데이트하던 때 이야기를 하면, 같이 방송을 하는 배칠수 씨가 이렇게 말합니다. "그거 완전 속아서 했구먼! 속았어 속았어."

그도 그럴 것이, 신랑은 결혼 전에 저와 데이트할 때는 술을 한 방울도 입에 대지 않았습니다. 뭐 생맥주 한 잔에 치킨 한 조각 정도야 먹긴 했지만. 워낙 제가 술을 못 하니까 저를 배려하는 마음에서 그랬겠거니 하고 좋게 생각하고 싶은데, 사실은 그게 아니랍니다. 결혼을 한 뒤에는 하루가 멀다 하고 웬 술 약속이 그리도 많던지요.

결혼 전에는 술이 싫다고까지 말한 그였습니다. 하긴 지금도 여전히 술을 싫어하는데 분위기 때문에 억지로 마신다고 하지요. 제가 이런 이야기를 하면 시댁에서는 무조건 "우리 이헌이가 여자를 안 만나봐서 그렇지"라고만 하십니다(그렇다면 신랑이 남자만 만나서 그런 걸까요).

신랑과 저는 사실 과거에도 몇 차례 만날 기회가 있었습니다. 1997년엔가 친구들이 저희 두 사람을 소개해 준다고 한 적이 있었습니다. 그때는 신랑의 사정 때문에 만남이 무산되었습니다. 그 뒤로도 다시 한 번 만날 기회가 있었는데 또 어떤 연유로 성사되지 못했습니다. 그리고 세번째로 다시 만나보라는 이야기가 나왔습니다. 둘 다 결혼이 늦고 너무 오래 싱글로 지내다보니 상대적으로 둘이 만날 기회가 많았던 모양입니다.

저희 부부는 "우리, 이렇게 만나 결혼할 거였으면 1997년에 처음 기회 있었을 때 빨리 만나 결혼했으면 좋았잖아. 이렇게 고생하지 않아도 됐을 텐데" 하고 아쉬워합니다. 하지만 부부싸움이라도 한 날이면 "1997년에 처음 만났을 뻔했을 때 만났어야 했어. 그때 만났으면 절대로 결혼은 하지 않았을 텐데 말이야" 하며 서로에게 콧방귀를 뀌기도 합니다.

그렇게 성사된 세번째 만남에서 처음 신랑을 봤을 때, 마음이 설레거나 하지는 않았습니다. 솔직히 말해서 그냥 그랬습니다. 그때 신랑은 왜 그랬나 싶을 만큼, 좋게 말하자면 평소보다 더 평범한 차림으로, 나쁘게 말하자면 후줄근한 모습으로 나타났습니다. 신랑도 우리의 만남에 별다른 기대를 하지 않았던 듯했습니다. 우리 둘의 만남을 주선한 후배들이 제게는 "형이 누나를 마음에 들어하는 것 같다"고 추임새를 넣고, 신랑에게는 "누나가 형을 괜찮게 생각한다"고 띄워주는 바람에 각기 오래 묵은 싱글인 우리 둘은 못 이기는 척 응했습니다. 상대가 좋다니 다시 한 번 만나볼까 하는 마음을 먹은 거죠.

신랑이 "혹시 주말에 시간 있어요?" 하며 처음으로 제게 전화를 했을 때입니다. 저로 말하자면 오래된 싱글 생활에 익숙해질 대로 익숙해진 데다 피 끓는 싱글이었기 때문에 늘 주말 스케줄이 꽉 차 있었습니다. "아니, 이번 주말에 보자며 금요일에 전화하는 사람이 어디 있어요?" 그렇게 두번째로 만난 신랑은 온몸에서 삼겹살 냄새를 풍기며, 지방에 내려가야 하기 때문에 시간이 얼마 없다고 하더군요. 생각할수록 왜 제가 그 사람에게 혹했는지 모르겠습니다.

물론 생각해 보면 아주 사소한 이유가 있기는 하답니다. 저를 만날 즈음에 그 사람은 1년 예정으로 미국 연수를 가려고 준비하고 있었습니다. 말하자면 늘 바쁘기만 하던 사람이 미국행 때문에 갑자기 할일 없는 백수 신세가 된 거지요. 덕분에 "우리 정민 씨는 언제 방송이 끝나나" 하고 기다려주는 백수 남자친구 역할을 해주었지요. 제가 방송 때문에 몹시 바빴던 때인 만큼 신랑이 연수 때문에 병원 일을 잠시 쉬고 있던 그 틈새의 시간이 아니었다면 우리의 인연도 이뤄지지 못했을 거라는 생각도 듭니다.

만나서 좋아질 즈음 신랑은 미국으로 연수를 가버렸습니다. 신랑은 신랑대로 바쁜 일상에서 벗어나 미국에서 일과 운동을 하며(그 좋아하는 친구와 술과도 헤어져) 단순한 삶을 살다보니 제가 무척이나 그리웠던 모양입니다. 결코 적지 않은 나이인데도 "이런 적은 처음이야. 하루 종일 네 생각만 나" 하고 매일매일 전화를 하며 그 나이 때 보여주기 힘든 열정과 사랑을 제게 보냈습니다.

그래도 결혼을 하고 보니 싸울 일이 한두 가지가 아니었습니다. 그러면서 제가 가장 많이 한 후회가 바로 이거였답니다. '내가 이 남자의 무엇에서 우리 아빠 모습을 본 거지.'

사노 요코의 『아빠가 좋아』에는 일하러 나간 아빠 곰을 기다리는 아기 곰이 귀엽고 따뜻하게 그려져 있습니다. 아빠가 돌아오자 아기 곰은 아빠와 하고 싶은 것이 너무 많습니다. 산책을 하러 나가서 아기 곰이 아빠에게 "아빠, 손 잡아도 돼요?" 하고 묻습니다. 아빠가 너무 자랑스럽고 듬직한 거죠. 절대적으로 아빠 곰을 믿는 아기 곰을 위해 아빠는 헤엄도 치고 나무를 꺾어 다리를 만들기도 해요. 아기 곰은 아빠 곰을 따라 핫케이크를 먹으며 "나도 아빠처럼 되고 싶으니까"라고 말합니다. 아기 곰에게 아빠 곰은 따라하고 싶을 만큼 존경스러움 그 자체인 거죠.

아기 곰이 아빠 곰을 흐뭇한 눈길로 바라보듯, 저는 연애 시절 신랑을 보면서 우리 아빠와 닮았다는 생각을 하며 흐뭇해했습니다. 딸은 아빠와 비슷한 사람을 신랑감으로 고른다더니, 아마도 제가 그랬나봅니다. 결혼 전에 저도 신랑을 보며 '이 사람은 좋은 아빠가 되어줄 수 있겠구나' 하는 믿음이 들었으니까요. 바쁜 저를 아무 말 없이 기다려주는 신랑을 보며 늘 집에서 우리를 따뜻하게 맞아주시던 아빠의 모습을 연상했는지도 모르겠습니다. 아니면 신랑이 어린 시절 주말마다 시아버님과 함께 여행 갔던 이야기를 하며 자신도 아버지처럼 좋은 아빠가 되고 싶다고 했던 말에 많은 점수를 준 것 같기도 합니다.

신랑을 마음에 둔 또 한 가지 이유가 있습니다. 저는 남자에게 가장 중요한 것 1순위를 유머감각이라고 생각했습니다. 사람이란 서로 취향이 맞아야 하는데, 웃음이라는 코드가 맞기는 쉽지 않거든요. 가끔 저는 왜 유머 있는 남자와 결혼하는 걸 1순위로 생각했을까 하며 한탄합니다. 그러면 신랑은 제게 이렇게 말합니다. "넌 내 유머에 반해서 결혼한 게 아니야. 내 얼굴을 보고 반해서 결혼한 거지."

그러니, 세상의 싱글들에게 당부합니다. 결혼을 하려거든 모든 걸 바라지 말고 먼저 순위를 정하세요. 그렇게 간절히 원하면 이루어집니다. 하지만 그렇게 고른 상대방이 베스트는 아닐 수도 있습니다.

☆ 『아빠가 좋아』, 사노 요코 글·그림

P.S. I LOVE YOU

우리의 데이트는 신랑이 평소 단골로 다니던
그만의 명소로 이어졌습니다.
개강하기에 앞서 서운한 마음을 달래던 학교 앞 만화방,
다른 프랜차이즈 통닭집을 모두 물리치고 살아남은
고대 앞 삼성통닭집, 원조라고 내세우는 수많은 아귀찜 중에서
단연 최고의 맛을 자랑하는 부산아구찜, 눈물을 쏙 뺄 정도로
매운 현대낙지. 이 집들을 어디서 알고들 찾아왔을까 싶을 정도로
많은 사람들이 문밖까지 줄을 서서 북적이고 있었습니다.
별미로 괜찮겠다 싶었지만 그곳들이 우리 먹거리의
주 무대가 될 줄이야! 만날 자기 좋아하는 것만 먹으러 다닌다고
불평을 하자 저보고 고르라고 하더군요.
몇 번 함께 간 근사한 레스토랑에서 그가 어찌나
어색하고 불편해 보이던지, 오히려 제가 미안해졌습니다.
아~ 식성도 변하는 걸까요. 입덧할 때 몹시 먹고 싶었던 음식은
바로 아귀찜이었습니다.

텔레비전이 좋아, 내가 좋아

앤서니 브라운의 『돼지책』 표지에는 제일 연약해 보이는 엄마가 아빠와 두 아들을 업고 서 있습니다. 왜 그런 걸까요? 그림책을 보면 알게 됩니다.

"엄마, 빨리 밥 줘요." 두 아이는 아주 중요한 학교에서 돌아와 저녁마다 외칩니다. 그뿐일까요. "어이, 아줌마, 빨리 밥 줘." 남편인 피곳 씨도 아주 중요한 회사에서 돌아와 저녁마다 외칩니다. 혹시 제 신랑도 중요한 회사에서 돌아와 이렇게 외치고 있는 건 아닐까요.

얼마 전 함께 과일을 사러 갔습니다. 그런데 신랑이 체리를 들더니 "이걸 먹으며 한판 싸워볼까" 하며 빙긋이 웃었습니다. 신혼 초의 일이 생각난 것이었지요.

어느 휴일, 집에 있는 체리와 살구를 신랑과 함께 먹을 요량으로 접시에 가득 담았습니다. 친정집에 살구나무가 있는데, 살구가 피로 회복에 좋다며 친정 엄마가 잔뜩 싸주신 것이었지요. 체리는 신랑이 좋아하는 과일입니다. 요즘 체리는 마치 우리 어린 시절의 귀하디귀했던 바나나와도 같습니다. 비싸니까 더 맛있는 거죠.

살구는 보관하기가 쉽지 않아 빨리 썩습니다. 저는 빨리 상할 것 같은 상처 난 살구만 계속 먹고 신랑은 체리만 먹다보니, 어느새 접시에 체리가 달랑 하나만 남았습니다. 순간, 신랑이 마지막 남은 체리 한 알을 한 치의 망설임도 없이 날름 집어 먹어버렸습니다. 그 많은 체리를 혼자 다 먹어 치운 겁니다. "어쩜 이럴 수가 있어. 한 번이라도 나한테 먹어보라고 얘기도 안 하고"부터 시작해서, 저는 신랑이 평소에 했던 행동을 하나하나 들춰내기 시작했습니다. 상대방을 배려할 줄 모른다고 퍼부어댄 거지요.

신랑도 할 말이 없었는지 "체리를 싫어하는 줄 알았지" 하더군요. 신혼여행 가서 우리가 함께 맛있게 먹었던 게 바로 체리라는 걸 그새 잊었나봅니다.

저는 맛있는 음식이 있을 땐 가족들끼리 나눠 먹어야 한다고 생각하는데, 신랑은 그런 생각이 없는 듯했습니다. 가족이 함께 식사를 할 때 보통은 아내가 식탁에 앉을 때까지 남편이 기다려주지 않나요? 물론 대부분의 엄마들은 식사 준비 때문에 늘 늦게 식탁에 앉지만요. 하지만 친정에서는 가족들이 늘 엄마를 기다려주었습니다. 그런데 신랑은 제가 식사 준비를 마칠 때까지 기다려주지 않고 혼자 먹기 시작합니다.

줌마네 아줌마들이 함께 쓴 『밥 퍼! 안 퍼!』라는 책을 보면, 「아들아, 아들아, 너는 이런 신랑이 되거라」라는 글이 나옵니다(물론 신랑들은 빼고 아내들에게만 가슴 찡한 글이겠지요). 글을 쓴 봉봉님은 아들에게 이런 당부를 합니다.

부엌이란 공간은 벽을 보며 홀로 쌀을 씻고 국을 끓이는 외롭고 쓸쓸한 곳이다. 그러니 아들아 아들아, 너는 그 공간에 네 아내를 홀로 두지 마라. 식사는 먹기 위한 것이 아니라 함께 하는 것이 소중한 일이다. 그러니 아들아 아들아, 너는 아내가 자리에 앉기 전에 수저를 드는 신랑이 되지 마라. 또 식구들이 떠난 식탁에 앉아서 남은 음식을 먹어 치우는 그런 아내를 만들지 마라. 식사가 끝나면 식구들은 모두 텔레비전에 앉아 여유를 부린다. 그때 네 아내는 자고 나면 또 나올 그릇을 혼자 우악스럽게 치운다. 아들아 아들아, 너는 아내가 설거지를 하는 동안 텔레비전을 보면서 낄낄대는 그런 신랑이 되지는 마라.

텔레비전 이야기가 나왔으니 말인데, 간혹 신랑은 저보다 텔레비전을 더 좋아하는 게 아닐까 싶은 생각이 듭니다. 신랑은 종종 출장을 가는데, 출장을 떠나면서부터 빨리 집에 오고 싶어합니다. 싱글 때도 기회만 나면 여행을 즐겼던 저로서는 도통 이해가 안 되는 일입니다.

한 번은 신랑이 멀리 페루로 출장을 갔는데, 빨리 집에 오고 싶다며 하루에 한 시간마다 전화를 하더군요. 페루가 얼마나 먼 곳인가요. 가는 데 이틀, 오는 데 이틀이 걸리는 곳입니다. 다른 사람들은 거기까지 간 시간이 아까워서라도 그곳에서 일주일 정도 더 머물렀다 왔는데, 제 신랑은 필요한 일만 보고 바로 되돌아왔습니다. 그렇게 집에 빨리 와서는 별일 없었냐고 한마디 하고는 씻고 나와서 텔레비전만 뚫어지게 보고 있는 거였습니다. 그래서 제가 물었습니다. "자기야, 나 보고 싶어서 빨리 온 거 아니야?" 그러자 신랑은 "응" 하고는 여전히 텔레비전만 열심히 보았습니다. 그러면서 "아! 집에 오니 좋다" 합니다.

아나운서들도 당직 근무가 있는데, 토요일에 만삭의 몸으로 하

루 종일 근무를 하고 돌아오면 배가 뭉쳐서 너무 힘들었습니다. 일을 마치고 집에 돌아온 저는 너무 지쳐서 소파에 털썩 주저앉았습니다. 그때 신랑이 한다는 말이 "정민아, 머리 좀 치워볼래, 구대성이 다리를 다쳤다는데 안 보이네" 하는 겁니다. 아이고, 신랑에게는 제 뭉친 배보다 구대성 발이 더 중요한 거였지요.

『돼지책』에서는 중요한 회사와 중요한 학교에 갔다 온 신랑과 아이들이 넋을 놓고 텔레비전을 보는 동안, 아내는 홀로 부엌에서 벽을 보며 일을 합니다. 그러던 어느 날 아내는 '너희들은 돼지야'라는 쪽지를 남기고 사라집니다.

다행히 저는 그런 쪽지를 남기고 떠나지는 않아도 될 것 같습니다. 이제, 신랑은 더 이상 체리를 혼자서 먹어 치우거나 설거지를 미루는 일이 없으니까요.

☆ 『돼지책』, 앤서니 브라운 글·그림

P.S. I LOVE YOU

오늘도 신랑은 소파에 누워 텔레비전을 보고 있습니다.
2007년의 마지막 날, 원고를 써야 하는 저는
신랑에게 무제한 텔레비전 시청권을 주었습니다.
신랑은 서운한 듯 "쳇, 이게 뭐야"라고 말했지만,
내심 아무 방해도 받지 않고 야심한 밤까지 텔레비전을 볼 수 있는
지금 상당히 행복해하고 있을 겁니다.
제가 지금까지도 차마 묻지 못한 말이 있습니다.
"당신은 텔레비전이 좋아? 내가 좋아?"

아빠가 최고야

아쉬운 일이지만, 저는 늦둥이로 태어났습니다. 아빠와 함께 보내는 시간은 늘 신나고 즐거웠습니다. 운동회도 가고 수영장에도 가서 물장구치면서 아빠 등에 매달려 놀았던 기억이 새록새록합니다. 그런데 언젠가 언니가 그러더군요. "우리 어렸을 때 아빠 말씀이 '내가 이 나이에 수영장에 아이들 데리고 다니려니 너무 힘이 든다'고 하셨다"고 말이지요. 생각해 보니 제가 첨벙대면서 아빠와 수영장에서 놀았을 때 적어도 아빠는 쉰 살을 바라보고 있을 나이였으니 정말 힘들었겠다 싶습니다.

초등학교 때는 이런 일도 있었습니다. 운동회를 앞두고 방과 후

에 매스게임 연습을 하는데 그날따라 갑자기 비가 내렸습니다. 그때 아빠가 짠하고 우산을 가져다 주셨죠. 그런데 같은 반 친구가 우리 아빠를 보고 "너네 할아버지니?" 하고 물었습니다. 저는 그 뒤로 그 친구하고는 말도 하지 않았습니다.

앤서니 브라운의 『우리 아빠가 최고야』는 제가 어린 시절 느꼈던 아버지의 모습을 그대로 보여주고 있어서 기분이 좋아지는 책이었습니다. 사실 엄마는 상대적으로 집에서 아이들과 함께 있는 시간이 많다보니 아무래도 잔소리가 많아질 수밖에 없습니다. 그러다보면 큰소리도 나고, "엄마 미워" 소리도 절로 나오지요. 하지만 아빠는 조금 다릅니다. 아빠는 엄마처럼 아이들 일상에 깊숙이 관여하지 않고 한 걸음 물러서 있지요. 그런 만큼 아빠는 언제나 제 편이었고, 제가 하고 싶은 걸 들어주셨습니다.

『우리 아빠가 최고야』에는 아빠는 "하마만큼이나 늘 기분이 좋다. 우리 아빠는 최고야"라는 구절이 나오는데 정말이지 맞는 말입니다. 아빠랑 있으면 언제나 기분이 좋습니다. 옆에 있던 신랑이 질세라 한마디 거듭니다. "우리 아빠는 무서워하는 게 하나도 없다"라는 구절을 "나는 마누라가 제일 무섭다"라고 바꿔 읽으며 참견을 합니다.

물론 우리 아빠가 "달을 훌쩍 뛰어넘을 수도 있고, 빨랫줄 위를 걸어 다닐 수도 있다"고 생각한 것은 아니지만, 아빠라는 존재감은 늘 저를 안심시켜 주었습니다. 그렇다고 아빠가 저를 공주처럼 떠받들었다는 이야기는 아닙니다. 저를 애지중지하며 키웠다기보다는 가정을 소중히 생각하고 아이들을 위해 최선을 다하는 좋은 아빠였다는 거지요.

라디오 아침 방송을 진행하다보니 저는 매일같이 새벽에 일어납니다. 아무리 직업이고 제가 좋아하는 일이라도 하루도 빠짐없이 새벽에 일어나는 건 만만치 않은 일입니다. 하지만 오랫동안 아침 방송을 하면서도 저는 한 번도 제시간에 일어나지 못할 거라고 걱정해 본 적이 없습니다. 왜냐하면 아빠가 매일 아침 저를 깨워주셨으니까요. 아빠가 계셨기에 저는 언제나 안심하고 잠들 수 있었습니다. 아침에 일어나면 엄마는 과일이나 떡 같은 가벼운 먹을거리를 준비해 주셨고, 추운 겨울이면 아빠는 저를 위해 미리 자동차 시동을 걸어주곤 하셨죠.

제가 이런 이야기를 결혼 전에 신랑에게 자주 했던 모양입니다. 막상 결혼을 하고 나서 신랑이 그러더군요. 제 이야기 속의 아빠와 실제로 자신이 본 장인이 서로 다르다는 거였습니다. 자기 생각만큼 장인이 딸에게 관심을 기울이지 않는다는 것이지요. 실제로 우리 부부가 집에 갈 때마다 아빠는 텔레비전을 보시다가 "어, 왔냐" 하고는 그만입니다. 하지만 얼마 지나지 않아 신랑도 순순히 인정하더군요. "그래, 아버님이 자기를 물고 빨고 예뻐하지는 않으시지만 진심으로 자기를 아끼는구나" 하고요.

『우리 아빠가 최고야』의 아빠는 항상 잠옷을 입고 있습니다. 신랑은 "이 아빠는 실업자인가봐"라고 말하지만, 아마도 상징적인 표현이겠지요. 아이는 자신과 놀아주는 아빠를 꿈꾸지만, 아빠는 집에 오면 호시탐탐 잠잘 기회를 노리는 걸 빗댄 것인지도 모르겠습니다.

아빠는 잠옷 차림으로 계시지는 않지만, 늘 텔레비전을 보고 계십니다. 은퇴를 하신 지 오래라서 그러려니 생각하지만, 그래도 참 심하다 싶을 때도 있습니다(아빠와 신랑 모두 텔레비전을 이토록 좋아하니 저는 텔레비전 좋아하는 남자랑 같이 살 팔자인가봅니다).

결혼을 한 뒤 신랑과 함께 친정에 가면, 아빠는 늘 그렇듯 마루에 앉아 텔레비전을 보고 계십니다. 그러고는 "강서방 왔나" 하고 한 번 쳐다보고 잠시 후에 "별일 없지?" 하고는 그뿐입니다.

어느 날 친정에 갔다 와서 신랑이 놀란 얼굴로 이야기했습니다. 엄마와 제가 주방에서 밥상을 차리는 동안 아빠와 신랑이 마루에 앉아서 별말 없이 텔레비전을 보고 있었다는군요. 대화라고는 늘 아빠가 하던 대로 "병원에는 별일 없지"와 "텔레비전에서 왜 이렇게 재미있는 게 안 해" 두 마디가 전부인 채로요. 그런데 갑자기 텔레비전과 리모컨을 그토록 애지중지하던 아빠가 신랑에게(신랑 말로는 장인어른이 부들부들 손을 떨며 리모컨을 내밀었다고 하지만 그것까지 믿을 수는 없고요) "강서방, 자네가 보고 싶은 거 보게나" 했답니다. 우리 신랑 그 순간, 너무 감동했다는 거 아닙니까. 신랑이 말하길, 장인어른이 리모컨을 넘겨준 것은 최대의 애정표현이라는 것이지요.

이만큼이나 나이가 들었는데도, 아빠나 엄마가 없는 삶은 상상할 수가 없습니다. TV 휴먼다큐멘터리 「사랑—안녕 아빠」는 대장암 말기 환자인 아빠가 죽어가는 과정을 따라가며 카메라에 담아낸 이야기입니다. 병에 걸린 아빠는 하루가 다르게 기력이 쇠합니다. 아빠를 똑 닮은 딸은 하루하루 시들어가는 아빠 앞에서 "아빠 힘내세요, 우리가 있잖아요" 하고 노래를 합니다. 그때 아빠가 말합니다. "아무것도 해줄 수 없어 미안하다"고.

아빠는 이북 사람이어서 국수와 냉면을 좋아하십니다. 수십 년간 우리집 일요일 점심 메뉴는 국수로 정해져 있었습니다. 엄마가 밖에 볼일이 있으면 우리 중 누군가가 아빠를 위해 국수를 만들어야 했지요. 그러다보니 특별히 음식 솜씨가 없는 저도 국수 요리만큼은 잘한답니다.

결혼 전에는 몰랐는데 신랑도 국수를 좋아하더라고요. 몇 가지 음식밖에 할 줄 모르는 저로서는 참 다행한 일이지요. 아빠에게 "아빠, 강서방이 국수를 좋아하네" 하니 아빠가 웃으며 말씀하십니다. "너희가 덜 바쁘면 아빠가 국수도 사주고 냉면도 사줄 텐데."

아빠의 이 말에 왜 이렇게 눈물이 나는 걸까요. "아빠, 저희 하나도 안 바빠요. 언제까지나 아빠가 국수도 사주고, 냉면도 사주셔야 해요. 아셨죠?"

☆ 『우리 아빠가 최고야』, 앤서니 브라운 글·그림

P.S. I LOVE YOU

아빠 생각을 하니 후배가 준 편지가 떠오릅니다.
  선배의 책 『젊은날을 부탁해』 중에서 제일 뭉클했던 부분은
  선배 가족 얘기였어요.
  참 예쁘기도 하고 슬프기도 하고 그랬거든요.
  그리고 나서 선배 부모님을 뵀을 때 사실 좀 놀랐어요.
  선배는 늘 '우리 아빠'라고 말했는데 선배 아버님은
  사실 아빠라는 호칭보다 누구의 할아버지가
  어울리는 풍채였으니까요.
  그게 더 찡했던 기억이 나네요.
  "내가 잘못했을 때 '잘못했어요' 한마디만 하면
  아빠는 날 꼭 안아주시고는 아무 말씀도 안 하셔.
  난 그런 아빠가 참 좋아."
  언젠가 선배가 이런 말을 했었죠? 제가 하고 싶은 얘기도 이거예요.
  선배 아버님처럼 깊은 사랑까지는 아니겠지만 은근한 마음으로
  선배를 바라보는 사람들이 항상 곁에 있다는 것, 잊지 마세요.

언제까지나 사랑해, 엄마

『당나귀 실베스터와 요술 조약돌』을 읽고 나서 신랑이 말합니다. "하하하, 실베스터의 엄마와 아빠 좀 봐. 슬픈 일은 좀 잊어버리고 살아야 하는 거 아니야. 우리 같으면, 아무리 노력해도 실베스터를 찾을 수 없다면 우리 둘이서 다 잊어버리고 새출발 하지 않겠어."

실베스터의 엄마와 아빠가 마치 세상을 비춰주는 태양이 없어지기라도 한 것처럼 어두운 얼굴로 여기저기 실베스터를 찾으러 다니다, 진이 다 빠진 모습으로 앉아 있는 장면을 보며 저도 신랑과 비슷한 생각을 했습니다.

그런데 이런 이야기를 선배 엄마들에게 했더니, 모두들 끌끌 혀를 차더군요. "아이고, 그렇게 부모 마음을 몰라가지고서야 언제 엄마 노릇 할래. 어떻게 아이를 키울지 걱정이다."

저는 지금, 이제껏 제가 살아온 길과는 전혀 다른, 상상조차 할 수 없는 미지의 길과 세계가 펼쳐진 마법의 문 앞에 서 있는 심정입니다. 아기가 태어나면 과연 제 인생이 어떻게 달라질지, 엄마 노릇은 어떻게 하는 건지 짐작도 되지 않으니 말입니다. 지금까지는 제 앞에 어떤 과제가 놓여 있는지, 어떻게 일을 처리할지 혹은 앞으로 무엇을 하고 어떻게 되어야겠다는 계획이 있었습니다. 그런데 아기가 태어나는 일에 대해서만큼은 아무런 상상도 할 수 없고, 아무런 계획도 세울 수가 없습니다. 심지어 부모로서 뭘 어떻게 할 수 있는 것인지도, 혹은 부모의 마음이란 어떤 것인지도 잘 모르겠습니다.

아주 오래전에 로버트 먼치의 『언제까지나 너를 사랑해』라는 그림책을 우연히 보고 마음이 울컥했더랬습니다. 그런데 마침 도서관에 근무하는 선배가 도서전에 갔다가 제 생각이 났다며 그 책을 선물해 주었습니다. 워낙 유명한 책이니 많은 분들이 읽어보았을 겁니다. 그림책을 펼치면 아기가 엄마 품에 안겨 가만히 잠들어 있습니다. 만지기만 해도 깨질 것만 같은 아주 작디작은 갓난아기입니다. 엄마는 아기를 가만히 다독이며 "자장 자장 자장" 자장가를 불러줍니다.

너를 사랑해 언제까지나
너를 사랑해 어떤 일이 닥쳐도
내가 살아 있는 한
너는 늘 나의 귀여운 아기

아기는 하루가 다르게 자라납니다. 어느덧 아기는 걸어 다니게 되고, 제멋대로 하고 싶어합니다. 냉장고 안을 뒤지기도 하고, 엄마의 시계를 변기에 넣으며 장난을 치기도 합니다. 십대가 되자 아이는 엄마 말을 더 안 듣고 목욕도 안 하고 어른들에게 버릇없이 굴기도 합니다. 아이는 자라고 자라 드디어 어른이 됩니다. 그리고 짐을 싸서 집을 떠나갑니다. 하지만 엄마는 아들이 갓난아기였을 때도, 아들이 말썽을 부리는 십대일 때도, 어른이 되어 한 아기의 아빠가 되었을 때도 아들을 위해 어렸을 적 불렀던 그 자장가를 불러줍니다.

너를 사랑해 언제까지나
너를 사랑해 어떤 일이 닥쳐도
내가 살아 있는 한
너는 늘 나의 귀여운 아기

그림책을 읽어주며 신랑은 계속 투덜댔습니다. "정민아, 너를 사랑해 언제까지나 너를 사랑해 어떤 일이 닥쳐도. 이 구절은 아이들에게 읽어주기에는 너무 부정적인 거 아니니. 어떤 일이 닥치리라는 부정적인 생각은 부모로서 좋지 않은 태도인데." 그러더니 자못 심각하게 아이들에게 이런 그림책을 읽어주는 건 정서적으로 오히려 부담을 주는 일 같다며 전문적인 소견을 펼칩니다.

아홉 살 된 아이가 집 안을 난장판으로 만들자 엄마가 "이 녀석. 동물원에라도 팔아버리고 싶은 심정이야"라고 얼굴을 찡그리며 말하는 장면에서는, 그림책에서 어떻게 엄마가 이런 말을 할 수 있느냐며 어처구니가 없다는 듯 웃기도 합니다. 신랑이 그림책을 분석하며 읽는 동안 저는 침대 한쪽에서 하염없이 울고 있었습니다.

아이는 점점 자라나는 데 반해 엄마는 갈수록 늙어갑니다. 그러면서도 엄마는 언제나 끊임없이 "어떤 일이 닥쳐도 내가 살아 있는 한 너는 늘 나의 귀여운 아기"라며 아이를 위해 자장가를 불러줍니다. 반복되는 이 구절이 감정을 걷잡을 수 없이 북받치게 만들더군요. 제가 훌쩍거리다 나중에는 아예 엉엉 소리 내어 울어버렸더니 신랑이 깜짝 놀라더군요.

"정민아, 대체 이 그림책의 어떤 부분이 슬퍼서 우는 거니?"

이런 걸 두고 여자와 남자가 각각 화성과 금성에서 와서 다를 수밖에 없다고 하는 건지, 신랑은 너무 이성적이고 저는 너무 감성적이라 그런 건지 잘 모르겠습니다. 혹은 남자들이 여자들만큼 부모를 생각하는 마음이 애절하지 않아서 그런가 싶은 생각도 듭니다.

신랑이 이렇듯 저와 전혀 다른 반응을 보인 이유야 모르겠지만, 제가 그림책을 보면서 저를 낳고 기르고 늘 바라보고 계신 엄마와 아빠의 마음을 느꼈다고 하면 남편이 저를 이해했을까요.

신랑이 출장을 간 어느 날, 저는 집에 덩그러니 혼자 있기 싫어서 친정에 가서 며칠을 보냈습니다. 제가 결혼하기 전처럼 아빠는 새벽같이 일어나 계시다가 저를 깨워주셨고, 엄마는 아침을 준비해주셨습니다. 저는 출근 준비를 하다 말고, 방에 들어온 엄마를 끌어안고 한참을 울었습니다. 엄마는 "요즘 몸이 많이 힘들지?" 하고는 아무 말 없이 저를 꼭 껴안아주셨습니다. 왜 그렇게 엄마 품은 따뜻하고 넓은지요.

아침부터 제가 너무 서럽게 울자, 엄마는 "뭐가 제일 힘드니? 엄마한테 얘기해 봐라" 하셨습니다. "엄마 아빠가 나만 두고 죽을까 봐 너무너무 무서워." "그건 네가 걱정한다고 해결될 문제도 아니잖니. 사람에게는 하늘이 정해주신 천명이 있으니 걱정 마라. 우리가 발버둥친다고 달라지는 것도 아니고 담담하게 받아들여라. 엄마도 아빠도 최선을 다하고 있으니 너는 아기 생각만 하렴. 정민아. 엄마랑 아빠가 우리 막내를 너무 늦게 낳아서 네가 이런 걱정을 하게 만드는구나. 엄마가 미안하다."

세상에, 부모란 대체 어떤 존재일까요. 다 커버린 딸에게 엄마가 미안할 게 무엇이란 말인가요. 엄마는 그저 제게 미안하다고 하셨습니다. 이미 늙어버린 어머니가 다 커버린 아들을 찾아가 "너를 사랑해. 어떤 일이 닥쳐도. 내가 살아 있는 한"이라고 등을 토닥토닥 두드리며 자장가를 불러준 것처럼, "엄마, 언제까지나 언제까지나 제 옆에 있어주세요."

☆ 『언제까지나 너를 사랑해』, 로버트 먼치 글·안토니 루이스 그림

P.S. I LOVE YOU

엄마…… 하고 부르면 저는 왜 눈물부터 나는 걸까요?
엄마…… 하고 부르면 어디서라도 엄마가 당장이라도
달려올 것만 같습니다.
엄마…… 엄마가 나를 세상에서 제일 귀하게 사랑해 줘서 고마워요.
엄마를 세 번 부르면 눈물이 난다고들 하더군요.
한번 해보세요.
엄마, 엄마, 엄마…….

우리 엄마여서 너무 고마워

하루는 신랑에게 "내가 우울증일까?" 하고 물었습니다. 아무리 생각해도 요즘 제가 너무 잘 우는 겁니다. 평소에도 「FM대행진」을 진행하면서 청취자가 보내온 사연을 읽다가 가끔씩 울기도 하니, 솔직히 눈물이 많은 편이긴 합니다. 그렇지만 혼자 생각에 요즘 들어 좀 심하게 운다 싶었지요. 남들은 산후우울증이 온다는데 저는 산전우울증인가 싶더군요.

우리 신랑, 이럴 때는 냉정하기가 비할 데 없습니다. 마치 거실 소파가 아니라 진료실에 앉아 있는 양, "그런 상태가 두 주 이상 지속되면 곤란하지" 하더군요. 그러고는 "하지만 사회적 역할을 수행하는 데 무리가 없다면 괜찮아. 호르몬 분비가 평소와 다르니 그럴 수도 있고" 하고는 그만입니다.

그날 신랑은 역시나 거실에서 텔레비전을 하릴없이 보고 있었고, 저는 침대에서 책을 읽고 있었습니다. 서로가 어떤 프로그램을 보는지, 혹은 어떤 책을 읽는지 모르는 채로 세 시간 동안 각자 그러고 있었던 거지요. 그런데 신랑이 드디어 제가 있는 방으로 들어오더니, 세 시간 동안 책을 읽으며 내내 울고 있던 저를 발견했습니다.

조금 놀랐는지 신랑이 "정민아, 왜 그래? 뭐 때문에 그런 거야?" 하고 호들갑을 떨며 걱정해 주더군요. 설움이 북받쳐 신랑을 껴안으니, 엄마를 안고 있을 때처럼 푸근한 느낌이 들어 마음이 가라앉았습니다.

제가 눈물 콧물 흘려가며 읽은 책은 『친정엄마』였습니다. 「FM 대행진」에 출연하던 게스트 중 한 분이 "결혼한 여자라면 눈물 없이는 읽을 수 없다"고 하시기에 정말일까 하는 마음으로 읽기 시작한 책이었습니다.

지은이 고혜정 씨는 어려서 늘 "엄마처럼은 살지 않겠다고 말하던 딸이었다"고 합니다. 고향인 정읍에서 서울로 올라와 대학을 다니고 방송작가가 되었고, 엄마처럼 살고 있지 않다고 생각했답니다. 하지만 아이를 낳아 키우며 "나는 과연 우리 엄마처럼 자식들에게 해줄 수 있을까? 못난 딸, 엄마가 되어서야 엄마의 마음을 알게 되었습니다"라며 꼭 이 말만은 하고 싶다고 하더군요. "엄마, 날 낳아줘서 고마워, 그리고 우리 엄마여서 너무……너무 고마워"라고요.

아들은 결혼하면 남이 되고, 딸은 결혼하면서부터 진정한 자식이 된다고 하던데, 저도 그런가봅니다. 전화로 엄마 목소리만 들어도 눈물이 나오니 말입니다. 제가 이런 이야기를 하면 같이 방송을 하는 개그맨 김생민 씨는 "누나, 삼십 년 만에 드디어 그런 생각을 한 거야" 하고 놀립니다.

어느 엄마인들 안 그렇겠습니까만, 제 엄마도 걱정쟁이 엄마입니다. 매일매일이 걱정이지요. 그러지 말고 엄마 걱정이나 하고 엄마 건강이나 잘 챙기면 좋겠다 싶을 때가 많습니다.

『친정엄마』에는 서울에 올라와 자취를 하는 딸을 보기 위해 엄마가 온갖 음식에 파인애플 통조림까지 보따리에 싸가지고 올라온 이야기가 나옵니다. 게다가 그 보따리가 만리동 고개에서 풀어져 과일이며 통조림이 여기저기 굴러가 그걸 줍기 위해 모녀가 허둥대기까지 합니다. 그 난리에 당연히 딸로서는 "내가 엄마 땜에 못살아" 소리가 나오지요. 그 소리에 친정엄마가 말합니다.

너는 모를 것이다. 엄마 맘을. 너도 나중에 새끼 낳아서 키워봐. 그때 엄마 생각 날 것인게. 나, 너 서울로 올라간 후로는 한 번도 니가 좋아하는 반찬은 안 해먹었어야. 내 새끼 좋아하는 거, 차마 내 새끼 빼놓고 못 먹겠대. 나, 너 서울 올라간 후로는 내 손으로 한 번도 과일 안 사먹었어야. 너랑 같이 먹을라고, 새끼가 그런 것이다.

출산을 하고 나면 산후조리를 해야 하지요. 제 출산일이 얼마 남지 않았을 때 엄마가 그러십니다.
"정민아, 집에 와라. 엄마가 산후조리 해주마."
하지만 그렇지 않아도 연세도 많고 건강도 예전 같지 않은 엄마에게 나 편하자고 덥석 가겠다고 할 수가 없었습니다. 제가 산후조리를 하러 갔다가는 엄마가 되레 병치레를 할 것 같았거든요.
저 역시 남들처럼 산후조리원 신세를 지기로 하고 이곳저곳을 알아봤습니다. 직장 선배들이 추천해 준 곳으로 해야겠다고 마음을 정하고 있었는데, 엄마가 그러십니다. "정민아, 네가 아이 낳고 멀리 있으면 요즘은 엄마가 옛날 같지 않아 자주 못 간다" 하며 친정집 근처 조리원에 있으면 어떻겠냐는 의향을 비치셨습니다.
조리원에 물으니 "산모가 친정엄마 가까이 가 있을 필요 있나요. 조리원에서 모든 걸 다 알아서 해주는걸요. 친정엄마는 조리원에 한두 번만 오시면 돼요" 합니다. 아이 낳고 몸조리를 제대로 하지 않으면 나중에 고생한다는 말에 은근히 겁도 나고, 이왕이면 시설도 더 좋고 마음 놓이는 곳에 있는 게 좋겠어서 직장 선배들이 추천한 곳에서 산후조리를 하겠다고 엄마에게 고집을 피웠습니다.

그날 저녁 엄마와 다시 전화 통화를 하는데 엄마가 이렇게 말씀하시더군요. "정민아, 조리원에 있으면 방송국 사람도 다녀가고 그럴 텐데 여기 엄마 집 근처 조리원이 너무 허름하지." 사실 그런 생각까지 한 건 아니었습니다. 직장 동료들이 찾아오면 또 얼마나 오겠습니까. 그저 남들이 좋다는 데서 있고 싶었던 거지요. 엄마가 그런 생각을 할 줄은 몰랐고, 더군다나 창피해서 그런 건 아니었는데 말이지요.

하지만 엄마는 우리 딸이 나 때문에 창피하겠구나 하고 걱정하고 계셨던 겁니다. 게다가 산후조리는 친정엄마 몫인데 당신이 그것도 못 해주는구나 하고 자책까지 하셨던 거지요.

결혼하고 나서 불현듯 '내가 엄마 아빠랑 동물원에 간 적이 있었나' 하는 궁금증이 일었던 적이 있습니다. 엄마와 함께 동물원에 놀러 간 기억이 나지 않았거든요. 분명히 아빠랑 수영장에 간 기억은 나는데 말입니다. 아마도 오빠랑 언니랑 여러 번 동물원에 갔을 테니 막내인 나랑은 지겨워서 안 갔겠지 싶은 생각이 들더군요. 그래서 친정에 간 김에 물었습니다. "엄마, 언니, 오빠랑은 동물원에 가고 나랑은 동물원에 간 적 없지?" 엄마도 하도 오래전 일이라 생각이 잘 안 나는 듯 머뭇거리셨습니다. 그 뒤로 저는 그 일을 잊었습니다.

얼마 후 친정에 다시 갔는데, 엄마가 제 손을 급하게 잡아끌어 방으로 데려가셨습니다. 제가 동물원 타령을 하고 난 후 엄마가 집에 있는 앨범을 모두 뒤져 찾아놓으신 거였습니다. "정민아, 봐라. 너도 동물원에 데려갔다. 엄마가 너라고 동물원에 안 데려갔겠니."

『친정엄마』를 쓴 고혜정 씨의 친정엄마는 결혼 전 생일 때면 늘 명 길게 잘 살라고 팥 칼국수를 해줬다고 합니다. 고혜정 씨는 "결혼하고 나서는 생일에 한 번도 팥 칼국수를 먹어본 적이 없다. 시집을 오고 나니 아무도 내 수명을 걱정해 주는 사람이 없어서 그런가보다"라는 이야기를 썼더군요.

엄마 생각을 하면 왜 이리 눈물이 나오는 걸까요. 고혜정 씨의 엄마가 딸이 잘되길 빌며 생일마다 손이 많이 가는 팥 칼국수를 해주셨던 것처럼, 별나지도 않은 저를 그저 잘되라고 지극정성으로 챙겨준 사람이 엄마밖에 없었다는 걸 이제야 느꼈기 때문이겠지요.

엄마랑 같이 살 때는 그저 걱정쟁이 엄마, 참견쟁이 엄마라고 생각했는데, 엄마랑 떨어져 살아보니 아무도 저를 거들떠보지 않아도, 아무도 저를 걱정해 주지 않아도 이 세상에서 한 사람만은 날 위해 걱정해 주고 날 위해 울어준다는 걸 가슴으로 알겠습니다.

    제가 무슨 일을 하더라고 어떤 실수를 하더라도 언제까지나 제 편이 되어줄 사람, 이 세상에 단 하나밖에 없는 엄마라는 것을, 이제야 알겠습니다.

☆ 『친정엄마』, 고혜정 글

아빠가 뭐든 해결해 줄게

저도 막내이고 아빠도 막내여서 그랬을까요? 아빠는 절대적으로 제 편이었습니다. 제게 무슨 일이 생기든 이해해 주고 제 이야기라면 열 일 제쳐놓고 들어주셨지요. 그러니 저도 아빠가 퇴근하기만을 손꼽아 기다리곤 했습니다.

물론 그때는 제 소망도 단순했습니다. 초등학교 시절, 간절하게 갖고 싶었던 것 중 하나가 바로 '스카이콩콩'입니다. 얼마나 유행이었던지 온 동네 아이들이 스카이콩콩을 타느라 아스팔트가 깨져나갈 정도였습니다. 그것을 기어이 손에 쥐어야 직성이 풀릴 것 같아, 아빠의 손을 잡고 동네 문방구란 문방구는 다 돌아보았지만 이미 품절이었습니다. 한 달은 기다려야 한다는 문방구 아저씨의 말을 듣고 힘없이 돌아서는 제가 애처로워 보였는지, 아빠는 여기저기 수소문해서 다음 날 스카이콩콩을 구해 오셨습니다. 그때 느낀 기쁨이란! 스카이콩콩을 타고 하늘을 날 것만 같았지요. 우리 집 마당에 여기저기 구멍이 패고 시멘트 바닥이 갈라질 정도로 저는 날이면 날마다 스카이 콩콩을 타고 콩콩거리며 다녔습니다.

필요한 것이란 늘 있게 마련. 하지만 대부분 제 스스로 해결해야 할 일들입니다. 그래도 아빠가 변함없이 뒤에서 응원해 주고 있다는 사실을 떠올리면 많은 위로가 됩니다.

그런데 임신을 하고 나니, 마치 다시 어린아이가 된 듯 아빠와 엄마가 몹시도 그리웠습니다. 아빠에게 스카이콩콩을 사달라고 조르던 어린 시절로 되돌아가는 느낌이었습니다.

늦은 나이에 결혼했으면서도 빨리 아기를 가질 생각은커녕 아직 엄마가 될 준비조차 되어 있지 않았기에, 저는 앞으로 어쩌나 하는 제 걱정만 앞섰습니다. 아기 소식에 양가 어른들은 상상 이상으로 기뻐하셨습니다. 특히 시댁에서는 빨리 아기를 가졌으면 하면서도 혹시라도 제게 부담을 줄까 싶어 한마디도 안 하셨던 거였습니다. 그것도 모르고 저만 혼자 태평이었나봅니다. 이래서 인생에는 준비해서 맞이해야 할 일들도 있지만 일단 저지르고 봐야 하는 일도 있는 것 같습니다. 아마 완벽하게 준비되는 날을 기다렸다면 저는 평생 엄마 되기 힘들었을 겁니다.

임신을 하니 모두들 조심하라 했고, 저 역시 일단 몸이 무거워지니 왔다갔다하기가 힘들었습니다. 자연스럽게 친정에 가는 것도 점점 어려워졌습니다. 아기를 갖자 오히려 마음은 아기처럼 온통 친정의 엄마 아빠를 향하는데, 정작 자주 찾아뵙지는 못하니 심난했습니다.

그 무렵 아빠는 이상하게 감기가 잘 낫지 않아 시름시름 앓으셨습니다. 만성적으로 몸 상태가 좋지 않아서 검진도 받으셨고요. 저는 언제까지나 아빠가 건강할 거라고 믿고 있었습니다. 그래서 아빠가 편찮으시다는 사실이 믿어지지 않았습니다. 이젠 아빠도 연세가 많으시고 조심해야 할 때라는 것을 잘 알고 있었으면서도 말이지요. 아빠는 한 번도 아프거나 힘든 적이 없는 슈퍼맨 같은 존재였으니까요.

우울한 것은 아빠도 마찬가지였습니다. 말수도 부쩍 줄고 외출도 거의 안 하시고 매일 텔레비전만 뚫어져라 보고 계셨습니다. 예전에는 바둑도 두러 나가시고 친구들과 가까운 곳에 여행도 자주 가며 늘 바쁘게 지내셨던 아빠였는데 말이지요. 좋아하는 운동도 한동안은 하지 말라는 병원 진단까지 받고 나자, 몸도 예전 같지 않은 데다 마음도 움츠러든 모양이었습니다. 엄마 말씀이 보통 때 같으면 하루에도 몇 번씩 마당에 나가서 이런저런 일을 하실 텐데, 그도 다 귀찮다며 집 안에만 계신다고 걱정을 하셨습니다. 아빠가 건강 때문에 아픔을 겪고 있는 동안 저는 아무런 도움도 드리지 못하고 그저 지켜볼 수밖에 없는 상황이 서글펐습니다.

저희 부부도 나이가 들면 그렇게 될 수 있을까요? 엄마는 당신도 연세가 많으셔서 몸이 젊은 사람 같지 않은데도 온 정성을 다해 아빠를 수발하셨습니다. 몸에 좋다는 약재는 백방에 수소문하여 구해 오셨고 매끼마다 이것저것 좋은 음식을 챙기시느라 최선을 다하셨습니다. 자식을 떠나보내고 나면 부부는 서로밖에는 의지할 사람이 없습니다. 저나 언니, 오빠가 신경을 쓴다 해도 매일매일 병원에 모시고 다닐 수도 없고 병실에 붙어 있을 수도 없는 일이지요. 다행히 아빠는 조금씩 병세가 호전되었고, 기분도 많이 나아지셨습니다.

얼마 전 병원에서 엄마랑 아빠랑 언니랑 함께 저녁을 먹었습니다. 오랜만의 호젓한 가족 모임이었습니다(이제는 가족 모임이 있어도 조카들까지 다 모여서 한 상 차려 먹고 나면 우리끼리는 얘기 한마디 하기 어렵습니다. 각자 챙겨야 할 식구들이 생겼으니까요).

어렸을 때 아빠가 근사한 레스토랑에 우리를 데리고 다니시던 일이 생각났습니다. 당신은 양식을 좋아하지 않으면서도 우리가 그

런 곳에 가길 좋아하니까 일부러 좋은 곳을 찾아 다니셨지요. 아가씨가 되면 데이트할 때 포크와 나이프도 제대로 쓸 줄 알아야지 하시면서 하나하나 가르쳐주시고, 스파게티를 예쁘게 포크로 말아 먹는 시범도 보이셨는데…….

식사를 마치고 서로 계산하려는 저희들을 보시고, 아빠가 아직은 너희들 맛있는 거 사줄 돈은 있다고 하시면서 활짝 웃으시더군요.

"정민아, 불편한 것은 없니? 필요한 것 있으면 아빠한테 얘기해라. 아빠가 다 해결해 줄게."

짤막한 한마디였지만, 아빠의 목소리는 따뜻했습니다. 마음 한 구석의 끈이 스르르 풀린 것처럼 눈물이 났습니다.

『할머니가 남긴 선물』은 그림책에서는 다루기 쉽지 않은 '죽음'이라는 주제를 그리고 있습니다. 할머니 돼지와 손녀 돼지는 다정하게 서로 집안일을 도우며 평화롭게 살았습니다. 어느 날 아침, 할머니 돼지는 자신이 예전 같지 않다는 사실을 느낍니다. 할머니는 가방과 모자를 챙겨 손녀와 밖으로 나갑니다. 죽음을 준비하기 위한 외출입니다. 도서관에 책을 반납하고 외상값을 갚습니다. 그리고 할머니는 손녀에게 세상이 얼마나 아름다운 곳인지를 하나하나 일러줍니다. 햇살에 반짝이는 나뭇잎은 얼마나 아름다운지, 비 냄새는 얼마나 싱그러운지를 말이지요.

마지막 날 밤, 손녀는 "어릴 때 나쁜 꿈을 꾸면 할머니가 절 꼭 껴안아주셨던 것처럼, 오늘 밤에는 제가 할머니를 꼭 껴안아드리겠다"고 말합니다. 저도 이제는 아빠를 꼭 껴안아드려야 하는 어른이 되었는데도, 여전히 어린아이 같기만 합니다. 아빠 없는 세상은 상상조차 할 수 없습니다.

아빠! 건강 회복하셔서 정말 다행이에요. 부디 제 곁에 오래오래 계셔주세요. 사랑해요, 아빠!

☆『할머니가 남긴 선물』, 마거릿 와일드 글·론 브룩스 그림

P.S. I LOVE YOU

당신 몸이 편찮으시면서도 "필요한 것 있으면 아빠한테 얘기해라.
아빠가 다 해결해 줄게"라고 말한 우리 아빠 이야기를
방송에서 했더니, 「FM대행진」의 애청자인 김미영 씨가
사연을 보내주셨습니다.

　안녕하세요. 황정민 씨. 정민 씨가 방송에서 아버님 이야기를
　하시더군요. 전화 통화 끝에 "불편한 거 없냐"며 물으시던
　아버지 이야기를……. 전 중학교 1학년 때 아버지가
　돌아가셨답니다. 아버지가 살아 계셨을 때도 아버지의 사랑이란 걸
　느껴보지도 못했고요. 친구들의 자상한 아버지를 뵈면
　참 부럽더라고요. 살아생전 따스한 말 한마디 안 해주시고
　가정을 등한시하던 아버지셨지만, 쓸쓸한 가을날
　정민 씨의 이야기를 들으니 마음이 울적해졌답니다.
　철없을 때 돌아가셔서 잘 해드린 것 하나 없고
　늘 멀게만 느꼈는데……. 오늘따라 왜 이리 아버지가 보고 싶을까요?
　황정민 씨가 많이 부럽습니다.
　그 밝고 쾌활한 모습은 좋으신 부모님이 계셔서
　가능한 게 아닐까 싶어요.
　언제나 그 모습 변치 마시고 늘 행복하시길 바랍니다.

얼렁뚱땅 엉터리 신자

결혼식 청첩장을 돌리면서 깜짝 놀랐습니다. 많은 사람들이 제게 다가와 "황정민 아나운서, 명동성당에서 결혼하세요? 저도 사실은 천주교 신자예요"라고 수줍은 듯 말했습니다. 주변에 이렇게 많은 신자가 있었다니…… 제 주변에 이렇게 많은 사람들이 있었던 걸 왜 몰랐을까요? 혹시 천주교인들에 대한 억압과 박해가 계속되었는데도 다들 숨기고 있었나 하는 엉뚱한 생각에 피식 웃음이 나왔습니다.

종교인들은 선교를 선량한 의무라고 생각합니다. 교회에 함께 나가자고 권하기도 하고 식사 전에 짧은 기도를 통해 '믿는 사람'

이라는 티를 확실하게 내지요. 저는 될 수 있으면 그런 티를 별로 내고 싶지 않았습니다. 집에서 식사를 할 때는 온 가족이 모여 다 같이 성호를 긋고 난 후에 식사를 하니 따라하지만, 밖에서 식사를 할 때는 성호를 긋지 않았습니다. 왠지 티내는 것 같아 어색하기도 했고 자꾸 잊어버리기도 했습니다.

제 결혼식의 주례를 맡아주신 신부님과 작은 약속을 했습니다. 신부님이 주례를 서주시면 반드시 성호를 그은 뒤에 식사에 임하겠다고요. 신부님과 약속을 한 이후에도 여전히 성호 긋기를 잊어버리곤 합니다. 예전보다 노력하는데도 말이지요. 다만, 남들이 보면 제가 기도하는 것인지 아니면 파리를 잡는 것인지 모를 정도로 재빨리 크로스를 하죠.

제가 하는 일이 늘 이런 식입니다. 제 힘으로는 도저히 해결할 수 없는 문제를 만나면 기도를 합니다. 그것도 아주 바짝 열심히 합니다. 거래를 하는 것도 아닌데 "이번 문제만 해결해 주시면 주일미사를 빼놓지 않고 다니겠습니다"라는 식의 조건을 내겁니다. 나름대로의 양심이라고나 할까요. 무언가 제시할 것이 있어야 협상이 가능할 거란 생각에서입니다. 모든 게 다 이루어지는 것은 아니지만 소위 '기도발'이 잘 받는 편입니다. 간절히 기도를 올리면 시간이 좀 걸리더라도 해결되는 경우가 많습니다. 그러면 '휴우, 다행이야.

아직은 하느님의 어린양으로 사랑받고 있구나' 하고 가슴을 쓸어내립니다.

문제는 그다음입니다. 먼저 얘기를 꺼냈으니 약속을 지켜야 하는데 그게 쉽지가 않습니다. 당직이니 약속이니 핑계를 대가며 흐지부지 미사를 빼먹기 일쑤입니다. 그러고는 다음에 또 다른 문제가 닥칠 때까지 잊어버립니다.

박완서 선생님의 『옳고도 아름다운 당신』을 보면, 겁이 날 때만 도피하듯 기도를 한다는 글이 나옵니다. 이렇게 훌륭한 작가도 이런 약한 부분이 있구나 싶어서 조금 위안을 받은 것도 이런 제 버릇 때문입니다. 박완서 선생님이 어느 날 약속이 겹친 나머지 다급한 마음에, "제 꼬인 스케줄을 당신께 맡기오니 풀어주소서" 하고 기도를 했더니 하느님이 덜커덕 일을 순조롭게 만들어주셨다고 합니다.

돌아오는 길, 전철 안에서는 몸이 고단하여 "주님, 전 지금 몹시 피곤합니다. 저한테 자리 하나만 내주십시오" 하고 또 욕심을 냈답니다. 그런데 웬만하면 들어주실 텐데 집에 다 오도록 빈자리가 하나도 나지 않더랍니다. 그래서 "주님, 정말 이러시깁니까" 하고 대들었다면서, 선생은 악마가 어떻게 생겼는지 궁금하지 않다, 아마도 바로 나처럼 생겼을 것이다라고 했습니다(저도 악마가 어떻게 생겼는지 궁금해하지 않아도 되겠지요).

처음 아나운서가 되었을 때는 하느님께 아나운서로서 영광을 돌리는 일을 하게 해달라고 기도했습니다. 기도를 들어주신 덕분에 저는 아나운서로서 좋은 프로그램을 할 기회가 많았습니다. 남들은 통통 튄다고들 하지만 저는 낯도 많이 가리고 편안히 속을 드러내기까지 시간이 오래 걸리는 편입니다. 하지만 방송은 그렇게 되기까지 인내심 있게 기다려주지 않습니다. 처음 몇 번 기회를 주었을 때 제대로 해내지 못하면 금방 다른 사람으로 교체하는 경우가 많지요.

하루아침에 프로그램에서 내려와야 했던 일이 한두 번이 아니었습니다. 그럴 때마다 프로그램을 새로 맡을 때의 기쁨만큼이나 깊은 절망감이 찾아왔습니다. 화면에서는 좋은 모습, 밝은 모습만 보이지만, 그 이면에는 수없는 고민과 절망이 자리잡고 있습니다. 그때마다 기도는 명약이 되어주었습니다.

박완서 선생은 왜 당신을 믿게 되었는지 설명할 수는 없지만, 하느님을 믿게 되어서 좋은 점은 마음이 아플 때 비명을 지를 수 있는 것이라고 하셨더군요. 마치 밖에 나갔다가 친구들에게 놀림당하고 돌아와서는 엄마한테 이르며 엉엉 울던 어린 시절처럼 한없이 제 이야기를 들어주실 당신이 있어서 좋다고요.

식사 전에 성호도 긋지 않고, 저 급할 때만 하느님을 애타게 찾는 얼렁뚱땅 신자이지만 당신께 기도하면 뭔가 들어주실 거라고 생각하니 천연덕스럽게도 마음이 편합니다. 이렇게 돼도 좋고 저렇게 돼도 좋다는 그런 여유도 생겼습니다.

요즘도 중요한 선택을 앞두고 있을 때면 늘 지혜를 구합니다.

"하느님께서 보기에 좋은 것을 선택하게 해주십시오. 세상의 눈으로 보았을 때 손해 보는 일이라고 할지라도 순순히 받아들일 수 있는 마음도 함께 주십시오. 그리고 마지막으로 제가 눈치가 없사오니 하느님께서 강력한 신호를 보내주십시오."

☆ 『옳고도 아름다운 당신』, 박완서 글

P.S. I LOVE YOU

얼마 전 사촌동생의 결혼식이 있어 명동성당에 다녀왔습니다.
그곳에서 결혼한 것이 불과 2년 전의 일인데도 감회가 새롭더군요.
여기저기 둘러보는데 이런 문구가 눈에 띄었습니다.
'왜 걱정하십니까? 기도할 수 있는데…….'
순간 마음이 무너지는 듯 내려앉으면서 제가 너무 오랫동안
하느님을 등지고 살아왔다는 생각이 들었습니다.
또 제 욕심대로 안간힘을 쓰다보니 이렇게 힘들고
마음처럼 되는 일도 없이 고단하기만 했구나 싶었습니다.
왜 걱정하십니까. 기도할 수 있는데…….

방송인 황정민에서 인간 황정민으로

아기를 낳고 느끼게 된 놀라운 감정 중의 하나는, 존재만으로도 이렇게 마음을 꽉 채워주는 사람이 있을 수 있구나 하는 것이었습니다. 아기를 낳기 전에 맺은 모든 인간관계는 그렇지가 않았으니까요. 저 사람은 저래서 좋고, 이 사람은 이래서 맘에 들고…… 하는 식의 조건이 있었죠.

그런데 아기는 달랐습니다. 아이가 아무것도 하지 않아도, 나와 눈을 맞추지 않아도, 그저 숨 쉬고 제 곁에 있는 것만으로도 가슴이 꽉 차오르는 것 같습니다. 제 부모님도 저를 보며 이런 마음을 느끼셨을 테죠. 부모가 되면 부모님의 마음을 헤아릴 수 있다는 게 무슨 뜻인지 어렴풋이 알 것 같습니다.

부모님과 가족의 사랑이라는 안전장치 안에서만 살아갈 때는 잘 알 수 없지만, 그 울타리를 벗어나면 깨닫게 되는 게 있습니다. 사랑받기 위해서는 노력을 해야만 한다는 것이죠. 그게 더욱 뼈아프게 다가오는 건 사회생활이 시작되고 난 다음부터일 겁니다. '사랑'이라는 말을 '인정'이나 '지지'라는 말로 바꿔 생각해 보면 그게 무슨 말인지 금방 와 닿을 겁니다. 방송일을 시작한 지 십오 년. 제게 맡겨지는 프로그램들을 마치 계급장처럼 생각해서 많이 진행할수록 좋다고 여긴 적도 있습니다. 급기야는 시간이 날 때마다 무조건 자두어야 버틸 수 있을 정도로 일이 많기도 했습니다. 아무리 늘어지게 자고 일어나도 늘 피곤하고 졸음운전으로 사고 직전까지 가서야 이것이 일중독이 아닐까 의심했을 정도니까요.

물론 일을 좋아하고 좋아하는 일이 잘되니, 주변에서도 많은 사랑과 관심을 보여주었습니다. 덩달아 저도 '이렇게 사는 것이 열심히 사는 것이구나' 하면서 더욱 더 박차를 가했습니다. 페달을 밟지 않으면 앞으로 나아가지 않는 자전거처럼 전진만이 살 길이었습니다. 그러다보니 대접이 달라지더군요. 예전에 한 일본 여배우가 큰 인기를 얻고 나서 어느 인터뷰에서 했던 말이 생각납니다. 인기를 얻고 나서 가장 달라진 점이 무엇이냐는 물음에, 소식이 잘 닿지 않던 친척들도 두루 만나게 되고 친구들도 갑자기 확 늘었다고 하더군요. 세월 건너편에 사라져 있던 친척과 친구들이 모두 연락을 해오기 때문이란 거죠. 저도 그 정도였다고는 말하지 못하겠지만, 인기 프로그램을 진행하게 되니 걸려오는 전화가 부쩍 늘어나는 건 실감할 수 있었습니다. 그러면서 제 이름 앞에 수식어도 하나 붙었습니다. '톡톡 튀는' 황정민 아나운서. 튀려고 튄 게 아니었는데, 튄다고 보신 분들이 많았던 까닭에 제 캐릭터가 된 듯도 싶습니다. 솔직히 고백하면 저 역시 그 캐릭터에 부합하는 뭔가를 보여줘야 하지 않나 고심했던 적도 있고요.

그런데 이제는 조금 달라졌습니다. 프로그램에 대한 욕심도 차차 줄어들었고 지금은 제가 즐기면서 할 수 있을 정도의 프로그램만 맡고 있습니다. 결혼을 했으니 크든 작든 살림도 해야 하고, 대학원도 다니고 있고, 무엇보다 방송인 황정민보다 인간 황정민의 생활이 제 일상의 더 큰 부분을 차지하고 있으니까요. 요즘 얼굴이 좋아졌다는 소리를 많이 듣습니다. 하루하루 바쁘게 지내기는 하지만 여러 가지 면에서 예전보다는 훨씬 많이 편안해졌습니다.

하지만 한편으로는 두려움도 생깁니다. 때때로 불안감이 엄습해 옵니다. 편한 것에 익숙해지다보면 저도 모르는 사이에 걷잡을 수 없이 '퍼져' 버릴 것도 같고, 초조해질 정도로 정신을 바짝 차리지 않으면 냉혹한 방송 현장에서 뒷전으로 밀리지 않을까 걱정도 됩니다.

　개인의 능력이나 노력 여부에 따라 조금씩 차이가 나겠지만, 높이 올라간 사람일수록 내려올 때의 낙차가 크다는 걸 주변에서 쉽게 보게 됩니다. 카메라 앞을 벗어난 연예인들이 어떻게 시들어가는지 수도 없이 보았으니까요. 제가 연예인은 아니지만 조명을 한창 받을 때와 그렇지 않을 때의 거리가 얼마나 큰지는 조금 알 수 있습니다.

　얼마 전 돌아가신 권정생 선생의 『강아지똥』이란 책을 보면, "난 더러운 똥인데, 어떻게 착하게 살 수 있을까? 아무짝에도 쓸 수 없을 텐데……" 하고 강아지똥이 눈 내리는 골목길에서 쓸쓸하게 중얼거리는 장면이 나옵니다. 그 강아지똥이 '하늘의 별만큼 곱고, 방실방실 빛나는' 예쁜 꽃을 피울 수 있도록 민들레의 거름이 되어줍니다. 그리고 강아지똥이 흔적도 없이 잘디잘게 부서져 거름이 되고 난 후 민들레는 별처럼 고운 꽃을 피웁니다.

　저는 애니메이션 「강아지똥」의 노래도 무척 좋아합니다. 마음이 무거운 날이면 가만히 따라 불러보지요.

　　걱정 마요 실망 마요 저 멀리서 별이 내려올 때
　　울지 말고 바라봐요 내 손에 담긴 작은 별들을

쉽게 놓쳐버릴까봐 그만 놓쳐버릴까봐

걱정 말고 믿어봐요. 나의 꿈을 잊지 마요. 나의 꿈을

    많은 사람들이 『강아지똥』을 읽었고, 또 많은 사람들이 '강아지똥'에 대한 얘기를 합니다. 보잘것없는 존재일지라도, 꽃을 피우는 밑거름이 되는 과정을 통해 존재의 의미를 찾을 수 있다고 말입니다. 물론 맞는 말이죠. 하지만 강아지 똥의 존재 의미가 단지 민들레꽃을 피운 데 있기만 한 걸까요. 민들레꽃도 피우지 못하고 흙 속으로 사그라져버린 똥은 존재 의미가 없는 것일까요.

    저는 그렇게 믿고 싶지는 않습니다. 민들레꽃을 피웠건 그렇지 못했건, 남들이 손가락질을 했건 그렇지 않았건, 모든 것은 그 존재만으로도 'OK'라고 믿고 싶습니다. 그 시간 그 공간에서 존재하는 것들은 나름대로 다 그 의미가 있는 것이겠죠.

    톡톡 튀는 황정민 아나운서가 이제 바뀌어야 할 시점이 된 것 같습니다. 누구는 톡톡 튀는 아줌마 황정민이 되는 거냐고 하던데, 뭐 그런들 어떻겠습니까. 아무 두려움 없이 내가 나인 것을 받아들이는 현명함을 배워보려고 합니다.

☆ 『강아지똥』, 권정생 글 · 정승각 그림

성가정입양원의 천사들

주근깨 빼빼 마른 빨간 머리 앤 / 예쁘지는 않지만 사랑스러워 /
상냥하고 귀여운 빨간 머리 앤 / 외롭고 슬프지만 굳세게 자라 /
가슴에 솟아나는 아름다운 꿈 / 하늘에 뭉게구름 퍼져나가네 /

이 노래를 기억하시나요? 어린 시절 보던 일본 애니메이션 「빨간 머리 앤」의 주제가입니다. 멜로디도 쉽고 가사도 친근해서 열심히 따라 부르곤 했죠. 그런데 그 노래가 입에 착착 붙었던 건 앤이라는 멋진 주인공 때문이었습니다. 애니메이션으로 보나 책으로 읽으나, 감동의 크기가 변함없는 보기 드문 작품입니다.

앤은 즐겨 다니는 길이나 집이나 사물에 이름을 붙여 특별한 무엇으로 만들곤 했습니다. 그런 방법으로 앤은 자신만의 세계를 창조해 나가죠. 예를 들어 집으로 오는 가로수 길을 '새하얀 환희의 길'이라고 이름 짓습니다. 이렇게 멋진 장소를 그저 가로수 길이라고만 불러서는 안 된다고 심각하게 말하면서 말이죠.

배리 연못은 '반짝이는 호수'라고 부릅니다. 그러고는 앤 자신의 가슴이 떨려오는 걸 보면 딱 맞는 이름이라고 매튜 아저씨에게 수다를 떨지요. 그뿐이 아닙니다. 앤이라는 이름은 보통 Ann이라고 표기하지만, 우리의 빨간 머리 앤은 Anne를 고집합니다. 멋없는 Ann이란 이름에 e 하나를 더 붙여서 자기 자신을 좀더 특별하게 만들고 싶어하죠.

전 세계 많은 사람들이 앤에게 한 번씩 빠져들었던 것은 앤만의 밝고 씩씩한 면 때문이라고 생각합니다. 아주아주 불행한 상황에 처하더라도 앤은 마음의 불을 켜고 상상의 나래를 펼치며 자신의 상황을 세상에서 가장 아름다운 것으로 만들어내지요.

조금 과장하기도 하고 어떤 때는 지나치게 비약시키기도 하지만, 앤이야말로 순간순간을 의미 있는 시간으로 즐기고 있다는 생각이 듭니다. 어린 시절엔 앤이 갖고 있는 마법 같은 상상력에 푸욱 빠져 있었는데, 어른이 되고서 보니 문득 한 가지가 궁금해집니다. '고

아' 인 앤이 '초록지붕의 집'에 오기 전까지 처해 있던 외롭고 혹독한 현실을 견디게 한 힘은 무엇이었을까?

여기서 잠깐 다른 얘기를 해볼까요. 2007년 초부터 일하는 틈을 쪼개서 성가정입양원에 다니고 있습니다. 그곳에는 태어난 지 며칠 되지 않은 아주 작은 신생아부터 혼자서 밥을 먹을 수 있을 만큼 자란 아이들이 생활하고 있습니다. 저와 제 동료들은 팀을 이뤄서 번갈아 그곳을 찾아가, 아이들을 먹여주고 기저귀를 갈아주며 놀아주곤 합니다. 뭔가 다른 사람에게 도움이 되는 일을 해야 하지 않을까 싶던 와중에 주변의 조언으로 가게 된 곳이었습니다.

막상 하겠다고는 했지만 과연 같이 할 사람을 몇 명이나 모을 수 있을까 걱정이 되더군요. 어린 아이들을 돌보는 일인데, 아이를 키워보지 않은 후배들을 불러도 되나 싶기도 했고요…… 아니나 다를까, 함께 할 사람 모으기가 쉽지 않더군요. 다들 한두 번이면 모를까 주기적으로 가야 하는 일에 부담을 느끼기도 했고, 아기 돌보는 일이 잘 맞지 않는다고도 했습니다. 그래도 어찌 되었건 뜻을 같이 하는 사람들을 모으게 됐고, 저도 부딪혀가며 배운다는 기분으로 시작하게 되었습니다.

입양원에 있는 아기들은 너무너무 예쁩니다. 아기들에게는 입양 가기 전까지 '지현우'나 '바다'처럼 예쁜 이름으로 불러주곤 합니다. 어디서 많이 들어본 이름이죠? 입양원의 환경은 생각보다 훨씬 좋습니다. 아기들은 답답한 종이 기저귀 대신 부드러운 천 기저귀를 하고 있고, 손톱은 늘 가지런히 깎여 있습니다. 그곳에서 애쓰는 분들과 자원봉사자들의 손길이 구석구석 미치고 있는 덕분이죠.

    하지만 엄마 아빠 품에서 듬뿍 사랑받으며 자라는 아이들 같을 수는 없는 게 현실입니다. 다 같이 정해진 시간에 우유를 먹어야 하기 때문에 태어난 지 며칠 되지 않은 아기나 소화 능력에 문제가 있는 아기가 아니면 혼자서 젖병을 물고 먹습니다. 젖병을 한쪽으로 고정시켜 두고 먹이는 거죠. 또 아기가 잠투정을 해도 돌보는 손길이 부족하다보니, 흔들침대에 눕혀진 채로 아기 스스로 잠을 청하기도 하고, 울지 않는 순둥이 아기들은 축축한 기저귀를 마냥 차고 있어야 하는 형편입니다. 어른들 말씀에 아기가 울면 자기 밥을 버는 거라고 하셨는데, 그게 무슨 뜻인지 그제야 알 것 같았지요. 아기의 울음은 자신에게 필요한 것을 알리는 신호이니까요.

    입양원을 처음 찾아간 날은 몹시 힘들었습니다. 그때는 뱃속에 아기가 있긴 해도, 어쨌건 아기를 내 손으로 돌보는 엄마가 아니었기 때문에 모든 게 서툴기만 했죠. 아직 목도 가누지 못하는 아기는 대체 어디를 잡고 안아야 하는지도 몰랐고, 아기가 울어대면 기저귀를 체크해 보거나 몸이 불편한 건 아닌지 살펴볼 겨를도 없이 당황하기만 했습니다. 세 시간 정도 아기들과 있는데, 마지막 삼십 분은 '시간아 빨리 가라~ 빨리 가라' 하는 생각만 했습니다. 교대해 줄 봉사자 분들이 직장인이라 제시간에 오지 못하고 십 분, 십오 분씩 늦곤 했는데, 그 십 분이 얼마나 길게 느껴지고 어찌나 배가 고프던 지요.

 같이 봉사를 하는 언니는 "엄마가 우유 먹여줄게" 하며 아기에게 우유를 주는데, 저는 '엄마'라는 말도 쉽사리 나오지 않더군요. 아기와 눈을 맞추며 이야기를 해주라고 하는데, 말도 통하지 않는 갓난아기에게 혼자 말을 건네려니 무슨 말을 해야 할지 입이 떨어지지도 않았습니다. 그저 아이를 보며 "제발 울지 마라, 울지 마라" 소리만 했지요. 새벽에 일어나 아침 7시부터 9시까지 「FM대행진」을 진행하는 두 시간 동안은 얘깃거리가 넘쳐나서 탈인데, 아기 앞에만 있으면 왜 그리 과묵해지던지요.

 요사이 입양에 대한 인식이 조금씩 변하고 있다고 합니다. 예전에는 아이를 낳지 못하는 사람들만 쉬쉬하면서 데려갔지만, 요즘에는 자녀를 둔 부모들이 공개입양을 하는 경우가 늘었다고 합니다. 2007년부터는 일반인이 입양을 하면 정부에서 보조금이 나옵니다. 꼭 그런 이유만은 아니겠지만, 최근에는 국내 입양이 더욱 활발해졌습니다.

개인마다 입양을 하는 이유는 저마다 다르겠지만, 예전에는 주로 대를 잇기 위해 남자아이를 입양했다고 합니다. 그런데 지금은 정반대죠. 대를 잇는다는 명분보다는 또 다른 가족을 맞는다는 의미에서 아기를 찾는 사람들이 많고, 또 그런 이유에서 귀엽고 사랑스러운 여자아이에 대한 선호도도 높아졌습니다.

성가정입양원의 아기들은 입양 상황이 좋은 편이어서 한 아이를 오래 보는 일이 드문데, 그래도 그중에 좀 오래 남아 있는 아이들은 남자아기이거나 장애가 있는 여자아이들인 경우가 많습니다.

빨간 머리 앤 역시 바로 남자냐 여자냐 하는 문제 때문에 다시 고아원으로 돌아갈 뻔했습니다. 마릴라 아줌마는 열 살이나 열한 살가량 된 영리하고 성실한 남자아이를 원했지요. 열 살, 열한 살배기는 아직 어려서 일을 가르칠 수도 있고 허드렛일 정도는 시킬 만한 나이니까요. 그런데 여자아이가 왔으니 앤을 마중 나온 착한 매튜 아저씨가 당황할 수밖에요.

눈을 반짝이는 앤을 보고 매튜 아저씨는 차마 "우리는 남자아이를 원했는데 뭔가 오해가 있었다"는 이야기를 하지 못합니다. 설사 오해가 있었더라도 그 아이를 역에 버려두고 갈 수는 없다고 마음먹고 매튜 아저씨는 앤을 집으로 데려옵니다.

새로운 가족과 만나는 순간부터 뭔가 살짝 어긋나 있던 앤. 사실 앤은 세상과 조금 어긋난 운명이었는지도 모릅니다. 풍요로운 가정은 아니었지만 자신을 사랑해 주는 부모님을 병으로 잃고 그 후에 여러 집을 전전하는데 어린아이가 감당하기에는 너무 힘겨운 상황이었으니까요. 그뿐인가요. 빨간 머리를 검게 물들이고 싶어 염색을 하지만 머리 색깔은 초록으로 변해버리고, 제일 친한 친구 다이애나에게 맛있는 주스를 준다고 먹인 게 술이어서 다이애나와 다시는 놀지 말라는 다이애나 엄마의 엄명을 받기도 합니다. 그런가 하면 교회에 새로 부임한 앨런 목사님의 부인에게 케이크를 대접하고 싶어서 향신료를 넣었는데 알고 보니 그게 진통제여서 오해를 받기도 합니다.

하지만 앤은 말합니다. "상상력이 없었다면 저는 도저히 그곳에서 살 수 없었을 거예요." 그러면서 자신이 저지르는 실수와 세상이 자신에게 저지른 실수에 대해 이렇게 어른스러운 처방을 내놓기도 합니다. "한 사람이 할 수 있는 실수에는 분명히 한계가 있어요. 제가 그 끝까지 간다면 더 이상 실수를 하지 않겠죠. 그렇게 생각하면 마음이 정말 편해요."

아마도 보통 아이들이라면 이렇게 상상하는 마음을 통해 문제를 극복하지는 못했을 겁니다. 상상의 나래를 펼칠 틈도 없이 모든 게 갖춰진 아이라면 그럴 이유가 없었을 테니까요. 제가 만나는 성가정입양원의 아이들도 이 놀라운 에너지의 상상력을 가져보길 빕니다. 그 힘으로 자기 안에 숨겨진 가능성을 맘껏 펼칠 수 있기를 말이죠. 보통의 아이라면 엄마 아빠가 끌어내주었을 힘을 스스로 부화시키기를……. 단, 그 아기들이 앤이 될 수 있으려면, 어른들이 매튜 아저씨와 마릴라 아줌마가 되어주어야 하겠죠.

☆ 『빨간 머리 앤』, 루시 모드 몽고메리 글·조디 리 그림

P.S. I LOVE YOU

아기를 낳고 입양원에 가보니 저도 모르는 사이에
제가 조금은 달라졌더군요.
기저귀를 가는 손도 빨라지고 아기와 할 말도 많아졌습니다.
팔힘도 길러졌는지 아기들이 새털처럼 가벼웠습니다.
어떤 마음인지 정확히 표현할 수는 없지만,
왈칵 눈물이 나올 뻔했습니다.
이렇게 하나하나 생명들이 태어나기까지 사랑도 있고
고통도 있었을 텐데
너희들 엄마도 너희가 참 보고 싶겠구나 생각하니
안쓰러운 마음이 앞섰습니다.
예전에는 몸만 가는 봉사였다면 지금은 마음이 먼저입니다.

괴로울 때가 오히려 천 배는 즐거워

누구나 그렇지만 저도 하기 싫은 일이 많습니다. 어릴 때는 치과에 가기가 정말 싫었습니다. 우리 동네 제일 친한 친구의 아빠가 치과의사였습니다. 치과 치료를 받을 때 나는 그 괴상한 소리라니! 사실 치료받는 것보다 소리가 더 공포스러웠지요.

의사선생님이 썩은 이를 기계로 갈아내다가 잠시 전화를 받거나 하면 치료가 중단되었는데, 지구가 멈춘 듯 조용해진 순간의 안도감이 지금도 기억납니다. 치과 진료 의자에 눕는 순간의 그 공포감이란(그러던 제가 지금은 치과를 제 발로 찾아다닙니다. 세 달에 한 번씩. 역시 나이 들고 볼 일이라니까요).

임신하고 점점 불러오는 배를 안고 대학원 마지막 학기를 다녔습니다. 그런 저를 보고 웬만하면 한 학기 쉬지 그러느냐고들 했습니다. 저 역시 그렇게 하고 싶은 생각이 굴뚝 같았지요. 정말이지 대학원만 안 다녀도 천국이 따로 없을 것 같았습니다. 하지만 그 학기를 포기하면 다시는 영영 대학원에 다니지 못할 것만 같아 두려웠습니다. 한번 시작한 일을 끝내지 않으면 나중에 다시 시작하기란 관 뚜껑을 여는 일만큼이나 힘겨운 법이지요. 거기서 포기한다면 그동안 들인 노력과 시간과 돈이 너무 아까울 것 같았습니다.

마지막 학기에는 종합시험이라고 해서 그때까지 대학원에서 공부한 내용 전체를 정리하는 시험도 봐야 하고 외국어 시험 성적표도 제출해야 했습니다. 배는 점점 불러와서 앉아 있기도 힘든데 정말 미칠 지경이었지요. 차라리 치과에 가서 이를 가는 편이 더 나을 것만 같았습니다.

초등학교 아이들이 쓴 시를 모은 『새들은 시험 안 봐서 좋겠구나』라는 책에 실린 「시험」이란 시는 그때의 제 마음을 그대로 말해 줍니다.

시험 날인데
나는 오늘도 놀았다.

몇 점이나 나올까?
밖을 내다보았다.
새들이 나무에 앉아 논다.
새들은 시험 안 봐서 좋겠구나.
　　　　　―2004년 12월 9일, 강원 동해 남호초등학교 6학년 이우진

　임신한 몸으로 시험을 치르는 데에는 핑계가 많이 생기더군요. 잠은 왜 그렇게 쏟아지는지. 공부를 한다고 책상에 앉아도, 앉자마자 집중해서 공부하기가 어려웠습니다. 일단 인터넷에 접속해서 이메일을 모두 확인해야 하고, 즐겨찾기를 해놓은 사이트에도 들러 새로운 소식이 올라왔나 살펴봅니다. 책상 위에 너저분하게 널려 있는 책들과 물품들도 정리하고요(정작 공부를 시작하기까지 필요한 워밍업 시간은 시험 기간이 이어지면서 점차 줄어들고 빠르게 집중하게 되지요. '이런, 공부도 할 만한걸' 이라는 생각이 들 즈음이면 어느새 시험 기간도 끝나버립니다. 그리고 다음 시험 때가 되면 또 같은 일을 되풀이합니다).
　아아, 게으름을 피워봤자 시험 보는 날은 뚜벅뚜벅 다가옵니다. 황금 같은 주말, 신랑은 하루 종일 소파에 누워 텔레비전을 보고 있습니다. 시험을 앞둔 저는 방에서 공부를 합니다. 여름 더위가 시작되어 차가운 수박이 얼마나 달고 맛나는지 일단 양껏 먹어둔 참입니

다. "뱃속의 아가가 수박이 먹고 싶다네" 하고 말이지요. 생각해 보세요. 임신부가 얼마나 자주 화장실에 가는지를요. 여기에다 수박까지 먹었으니. 소파에 대자로 누워 있는 신랑이 보기에 저는 공부는 안 하고 화장실만 들락날락하는 불량 학생으로 보일 테지요. 보다 못한 신랑이 마치 옛날에 아빠가 그랬던 것처럼 "정민아, 공부해야지"라고 채근합니다. 아빠도 하루 종일 텔레비전을 보면서 제게 똑같이 말하곤 하셨죠.

신랑은 좀 느긋한 성격입니다. 일이 있어 야근을 좀 해야 하는 날에도 "집에 가서 하지 뭐" 하며 일거리를 하나 가득 싸가지고 들어옵니다. 집에 와서 씻고 밥 먹고 조금 쉬다보면 일을 할 시간이 없습니다. 그러면 "아침에 일찍 일어나서 하지 뭐" 하고는 일을 미룹니다. 시계를 맞춰놓고 잠들지만 역시나 제시간에 일어나지 못합니다. 그러고는 "병원에 가서 하지 뭐" 하며 출근을 합니다.

일단 미뤄놓고 보는 느긋한 성격의 신랑과 달리, 저는 안달복달하는 편입니다. 자면서도 공부하는 꿈을 꾸는 지경이니까요. 늘 시험 전에는 마음을 끓이지만 제 걱정보다 성적은 잘 나왔습니다. 이번에는 시험을 보고 났는데 '괜찮게 본 것 같은데' 하는 생각이 들더군요. 그런데 의외로 결과는 참담했습니다. 뭐랄까, 시험의 아이러니가 이런 게 아닐까 싶을 정도였습니다.

시험 보느라 전전긍긍하는 저를 보고 주위 분들은 "임신 말기까지 시험 보러 다녔으니 천재 아이가 나올 거야"라고 농담을 하셨는데 말이지요. 저는 아이가 태어나자마자 "엄마, 난 시험 보기 싫어" 하고 외칠 것만 같았습니다.

임신을 한 까닭인지, 시험 때문에 마음 끓이는 제 자신이 다시 보이고 아기에게도 미안한 마음이 들었습니다. 그래서 "아가야. 너는 엄마처럼 안달복달하지 말고 대범한 아이가 되어야 한다"라고 시험 기간 동안 중얼거리고 다녔습니다.

중간고사와 기말고사, 토익 시험을 보고 드디어 마지막 종합시험을 볼 때는 불현듯 '세상에 하기 싫은 일들이 얼마나 많아. 시험도 마찬가지지. 하지만 모든 일들은 지나간다' 라는 선승 같은 생각이 들더군요. 엄마의 부탁대로 대범해진 아가가 들려준 말일지도 모릅니다. 그러고는 아주 자연스럽게 삶을 살아가자고, 지나가는 모든 일에 괴로워하지 말고 마음을 놓자고 결심했습니다.

속을 끓이지 않고는 최선을 다한다고 할 수 없는 거라고 생각하며 살아온 저였습니다. 사람에겐 남들이 어떻게 생각하든 스스로가 평가하는 자신의 모습이란 게 있기 마련입니다. 끊임없이 노력하지 않으면 남들만큼 할 수 없다는 생각에 쉼 없이 부지런을 떨었고 스스로를 들볶았습니다.

아마 앞으로도 저의 이런 성격은 쉽사리 바뀔 것 같지 않습니다. 인생에는 하기 싫은 일이 반 이상입니다. 정말로 하고 싶은 일은 얼마나 될까요. 하기 싫은 일을 할 때, 예를 들어 시험을 볼 때 우리는 오히려 인생을 천 퍼센트 즐길 수 있는 건 아닐까요. 시험 기간 중에 평소에 잘 보지 않던 「내 남자의 여자」라는 드라마를 보면서 펑펑 울었습니다. '이렇게 재미있는 드라마를 왜 이제야 발견했을까. 시험 기간 전부터 봤으면 얼마나 좋아" 하는 마음이 들 정도로 말이지요.

임신 말기에는 몸이 무거워서 대부분의 임신부들이 제대로 잠을 자지 못합니다. 그런데 시험 기간 중에는 제가 임신부라는 사실도 잊은 채 달디단 잠을 잤습니다(막상 시험이 끝났을 때는 맘 놓고 잘 수 있는데도 잠이 안 오더군요). 시험 기간에는 하고 싶은 일도 얼마나 많은지요. 읽고 싶은 책이며 보고 싶은 영화, 먹고 싶은 음식까지. 하기 싫은 청소와 옷장 정리까지 시험 기간에는 하고 싶어집니다.

시험 끝나고 하면 될 아기 옷 준비도 '아기가 언제 나올지 모르잖아' 하며 조금씩 조금씩 모두 삶아놓았습니다. 시험이라는 괴물이 마치 흘러가는 제 인생을 한 자리에 잡아둔 것처럼 삶을 천 퍼센트 느끼게 해주었습니다.

싫어하는 일을 어떻게 생각하느냐에 따라 인생은 정말 달라질 수 있습니다. 싫어하는 일들을 조금만 느긋하게 생각하며 봐주자고요. 아무리 어렵고 싫어하는 일이라도 인생에 영원한 건 없습니다. 즐거운 일도 괴로운 일도 모두 지나간답니다.

☆ 『새들은 시험 안 봐서 좋겠구나』, 한국글쓰기교육연구회 엮음

두번째 페이지
엄마 연습

아기가 느껴져

임신한 저를 보고 만나는 사람들마다 한결같이 해준 말이 있습니다. "애가 뱃속에 있을 때가 제일 편하지"라는 말입니다. 친한 작가 언니는 "있잖아, 생각해 보면 내가 임신했을 때 아기가 태어나면 어떻다고 선배 언니들이 모두 이야기를 해줬더라고. 그런데 그때는 말귀를 못 알아들었지. 그저 그러려니 했거든. 아이 낳고 나서야 알았지. 정말로 어쩔 줄을 몰라서 혼자서 울고불고 많이 했다"라고 말했습니다.

저 역시 주변 사람들 모두가 아기 키우는 게 얼마나 어려운지 웅변적으로 말해 주었지만, 정작 뱃속에 아기를 담고 있는 저는 말귀를 전혀 알아듣지 못했습니다. 선배 언니는 안 되겠다 싶었는지 마지막으로 폭탄성 발언을 했습니다. "아기 키우기는 생각했던 것보다 5만 배쯤 힘들다"고 말이지요.

저는 결혼이 늦은 편이어서, 그동안 주변의 선후배들이 아기를 낳고 키우며 겪은 온갖 우여곡절을 얼마나 많이 들었는지 모릅니다. 귀동냥 덕분인지 일찌감치 위기의식을 가졌다고 할까요. 아이를 낳고 나면 내 생활이 어떻게 될지 몰라, 그전에 꼭 해야 할 일이 있다면 뭐든 미리 해야 해, 라는 강박관념이 강했습니다.

이러니 태교를 느긋하게 할 여유가 없었습니다. 기껏 한 일이라고는 산부인과에서 산모들을 위해 여는 4주짜리 강의를 들은 정도이지요. 3주간은 산모 혼자 가면 되고 마지막 한 주만 부부가 같이 참석하면 되는 코스였습니다. 처음에 신랑은 4주 동안 자기도 같이 가야 하는 줄 알았던 모양입니다. 제가 짐짓 딴청을 피우며 "어떻게 하지. 신랑이 함께 가야 한다는데, 우리 신랑은 바쁘니 남자친구랑 같이 갈 수도 없고" 했더니, "정민아, 너도 가지 말자"고 합니다. 장난 삼아 한 말이지만 정말 누구는 신랑이 사정이 안 되서 남자친구를 데려가기도 했답니다.

산부인과만 해도 그랬습니다. 처음에 가서는 깜짝 놀랐습니다. 아니, 산부인과에 웬 남자들이 그리도 우글거리던지요. 매번 혼자

산부인과에 오는 저를 보고 선생님이 오히려 "정민 씨 혼자 다니려니까 좀 그렇죠?" 하더군요. 그 말을 들으니, 내내 아무렇지도 않던 마음이 울컥합니다. '바쁜데 뭘 둘이 같이 병원엘 가. 시간 낭비지' 했는데, 아이는 부부가 같이 키우는 거라는 부담감을 팍팍 줘야겠다는 생각이 번쩍 들었습니다. 신랑이 꼭 병원에 함께 가야 하는 것은 아니지만, 같이한다는 것 자체가 중요한 일이니까요.

집에 가서 "산부인과 선생님이 신랑이랑 같이 다녀야 한다더라"고 슬쩍 말했더니, 우리 신랑, 호기롭게 말합니다. 같이 다니자며 당장 진료일을 토요일로 바꾸라고요. 그리고 그날이 됐습니다. 그런데 신랑이 전화를 걸어왔습니다. "정민아, 나 병원에 못 가겠다."

임신을 하자 모든 분들이 축하해 주었습니다. 그런데 정작 저는 "브라보" 하며 환호작약하게 되지만은 않았습니다. 신랑이 협조를 안 해줄 때도 그랬고, 임부복에는 별과 달밖에 그려져 있지 않다는 사실을 알게 된 순간에도, 배가 불러오면 어떤 옷을 입어도 예쁘지 않다는 걸 알게 된 순간에는 더욱더 그랬습니다. 아니, 배가 불러올수록 왜 그렇게 예쁜 옷을 사고 싶은 욕망은 더해지던지요.

왜 이럴까 싶어 아기를 낳은 선배 엄마들에게 밥을 사가며 노하우를 물어보았습니다. 선배 엄마들이 제 종알거림을 들으며 여유롭게 해준 말은 "정민아, 지금이 제일 예쁘다"였습니다.

배가 불러올수록 이 궁리 저 궁리가 많아집니다. 점점 더 멀리, 어디론가 가고 싶어지기도 합니다. 로키 산맥에도 가고 싶고 스페인과 유럽에도 가고 싶습니다. 물론 임신을 하고 나서도 등산도 꾸준히 하고 여행도 틈틈이 다녔습니다. 하지만 점점 더 멀리 가고 싶은 마음은 어쩔 수가 없더군요. 벌써부터 아이를 낳고 나면 언제쯤 자유롭게 여행 한번 갈 수 있을까, 혹은 아이를 누구에게 맡기고 여행을 갈까 하는 상상을 합니다.

하지만 철없는 임신부도 배가 불러오자 어느 순간부터 아이가 느껴지기 시작하더군요. 어쩔 수 없는 자연의 섭리인가봅니다. 한편으로는 불만과 공상이 나래를 펴는데, 다른 한편으로는 이래서는 안 된다는 생각이 드니 말입니다. 동시에 저도 아이를 위해 특별한 뭔가를 해주어야 한다는 생각이 커지기 시작합니다. 아이와 함께 있는 이 충만한 순간을, 이 느낌을 기억해야지 하는 의무감도 듭니다.

『뱃속 아기와 나누고 싶은 그림책 태담』은 이런 엄마의 마음을 잘 담아내고 있습니다. 엄마가 가장 좋아하는 책을 읽으며 아가에게 해주고 싶은 말, 아가와 함께 꿈꾸고 싶은 것을 함께 나누는 순간을 맞이하라고 말합니다.

태교의 효능에 관해서는 과학적으로 증명된 바가 없다고 딱 잘라 말하는 의사들이 많습니다. 과학적으로는 어떤지 몰라도 태교에 관해 엄마들 사이에서 내려오는 전설은 많습니다. 한 바이올리니스트가 임신을 하고 연주회 때문에 열심히 연습을 했는데, 훗날 아이가 태어나 가르치지도 않은 그 바이올린 협주곡을 연주하더라는 식의 이야기 말이지요.

이 정도까지는 아니더라도 제 주변에는 첫째 아이를 가졌을 때는 일을 열심히 했는데 그래서인지 아이가 욕심이 많고, 둘째 아이를 가졌을 때는 잠을 많이 잤더니 아이가 정서적으로 안정적이다라는 식의 실제 경험담도 무척 많습니다.

대체로 태교의 중요성을 강조하며, 끊임없이 아이와 대화를 나눠야 한다는 충고가 많습니다. 직장 선배 중 한 분은 임신중에 남편이 무척 바빴다고 합니다. 그때마다 "아가야, 너는 엄마 마음 알지?" 하고 말했는데 훗날 그 아이가 효자 노릇을 하더랍니다.

임신중에 「가족오락관」을 진행했던 모 아나운서는 개편이 늦어지는 바람에 막달까지 프로그램을 진행했습니다. 아기가 두세 살이 되어 처음으로 아기 놀이터인 짐보리에 데려갔다고 합니다. 그랬더니 아이가 정말 신들린 것처럼 박수를 치며 놀더랍니다. 마치 「가족오락관」에서 방청객 아줌마들이 박수 치듯이 말이지요. 아이가 막달까지 들은 게 신들린 듯한 박수 소리니 당연한 일이겠죠.

태교의 방법도 가지각색입니다. 임신한 뒤 아기를 위해 피아노

를 배우기 시작했다는 후배의 태교는 애교에 속합니다. 천자문을 공부했다는 사람도 있습니다. 저는 아침 방송을 하려면 목을 풀고 정신을 또렷하게 차리기 위해 꼭 커피 한 잔을 마시는데, 임신중에도 제가 아무렇지도 않게 홀짝홀짝 커피를 마시는 걸 보고 후배들이 한마디 하더군요. "언니, 난 사탕도 안 먹었어." 그럴 때마다 '대체 아이를 위해 난 무얼 하는 걸까. 나는 아이를 위해 특별히 하는 게 아무것도 없구나' 싶은 생각이 들어 다시 아기에게 미안해집니다.

그래서 신랑에게 동화책을 읽어달라고 했습니다. 어느 책을 보니, '남자의 저음으로 책을 읽어주는 것이 중요하다, 아빠가 읽어주면 아기가 뱃속에서 아빠에게 친숙함을 느끼게 된다'고 적혀 있더군요. 저의 종용에 신랑은 이 나이에 동화책이 웬 말이냐며, 「한겨레21」 같은 잡지를 읽으며 뱃속 아기에게 이렇게 말합니다. "아빠가 한미 FTA에 대해 모든 걸 알려주마."

제가 그나마 태교 삼아 열심히 하는 건 오로지 운동뿐입니다. 수영과 임신부 요가, 등산 정도는 꾸준히 하고 있으니까요. 아이를 낳고 나면 살이 순조롭게 빠질까(아나운서실 임신부들은 어쩌면 그렇게들 하나같이 살을 쏙 빼고 복귀하던지요) 싶은 걱정 등 앞날이 불안하고 불투명하다는 생각이 가득해서지요.

하루는 산부인과 의사선생님께 큰 죄를 지었다는 듯 "제가 태교를 못해요"라고 고백을 했습니다. 그러자 선생님이 "괜찮아요. 그런데 음악은 좋은 것 같아요" 하시더군요. 뭐든 욕심만 내지 말고 할 수 있는 것 한 가지라도 제대로 하면 어떻겠냐는 뜻이지요. 그래서 저는 좀 편안하게 생각하기로 합니다. 남편은 '한미 FTA'에 대해 이야기해 주고, 저는 운동도 꾸준히 하고 학교도 열심히 다녔으니, 적어도 정치적으로나 육체적으로나 건강한 아이가 태어나지 않을까요.

☆ 『뱃속 아기와 나누고 싶은 그림책 대담』, 김주희 글 · 김미선 그림

P.S. I LOVE YOU

신랑은 아기가 태어나자 180도 달라졌습니다.
마치 아빠가 되기 위해 태어난 사람처럼 아기에게 잘하더군요.
아가도 유난히 아빠를 좋아하고 사진만 봐도 벙긋벙긋 웃습니다.
신랑은 아기가 한 살만 되면 사우나에 데려가겠다고
벌써부터 기대에 가득 차 있습니다.
신랑은 저를 처음 만난 날 꿈속에서
어떤 남자아이와 야구 하는 꿈을 꿨다고 합니다.
그래서 결혼했다고 하는데, 그게 어떤 예시였는지는 모르겠지만
꿈이 이루어졌네요.

아내의 가출

부부싸움을 하고 나면 다른 사람들은 어떻게 할까요? 서로의 숨소리까지 들리는 공간에서 마음의 응어리가 다 풀리지 않은 채로 씩씩대며 분노 가득한 방 안 공기를 참고 있기란 어려운 일입니다. 그때의 방 안 공기에는 화와 분노 에너지가 담겨 있어서 튕겨져 나가고만 싶지요. 막상 갈 곳도 없으면서 왜 그렇게 뛰쳐나가고만 싶은지 모르겠습니다.

드라마에서 보면, 친정으로 가버린 부인을 달래서 데려오기 위해 남편이 장인 장모에게 준엄한 꾸중을 듣고 머리를 조아리며 다시는 그런 일이 벌어지지 않게 하겠다고 맹세를 하건만! 살다보면 그게 뜻대로 되지는 않지요.

저 역시 신랑과 싸웠을 때 가장 먼저 떠오르는 곳은 친정입니다. 부모님은 저녁 아홉시 뉴스를 보면서 잠자리에 드십니다. 제가 한밤중에 뛰어간다고 하면 두 분이 얼마나 놀라실까요. 게다가 이제 너희 일은 너희가 해결해야 한다고 등 떠밀 분들이지, 딸의 입장에서 시시비비를 가리실 분들도 아니지요. 아마 저만 된통 혼내고 사위가 오면 오히려 데려가서 혼내주라고 사위 편을 드실 겁니다. 일단 일이 수습된 뒤에도 걱정 근심 하실 생각을 하면 함부로 친정으로 갈 수도 없는 일이지요. 딸의 행복만을 바라는 부모님 얼굴을 보면 제 신랑도 한동안이나마 반성하는 태도를 보이겠지만, 그건 극약요법으로 마지막까지 남겨둡니다.

두번째로 떠오르는 건 가까운 친구의 집입니다. 그런데 문제는 언제나 한밤중에 일이 벌어진다는 겁니다. 친구들 대부분이 결혼을 했기 때문에 어느 날 느닷없이 찾아가기에는 미안한 마음이 앞섭니다. 친구뿐만 아니라 친구 신랑에게도 할 일이 아니지요. 게다가 다음 날 아침 새벽같이 출근해야 하는 저로서는 친구의 집을 두드리기도 어렵습니다.

마지막으로 호텔. 이게 가장 깔끔한 선택입니다. 하지만 화려한 밤을 보낼 것도 아닌데 호텔비도 아깝고 혹시나 누군가 얼굴을 알아보기라도 하는 날이면 그것도 남세스러운 일입니다. 노 웨이 아웃.

산달이 다 되어서 크게 싸운 적이 있습니다. 왜 싸웠는지는 정확히 기억이 나지 않습니다. 싸울 때는 항상 심각한 문제로 싸우는데, 나중에 기억나는 건 이유보다는 결과이지요. 도저히 참을 수가 없었습니다. 한편으로는 남편에게 저를 기다리는 애타는 초조함을 맛보게 해주고 싶더군요. 남편은 초조함에 눈이 벌게지는데 저는 차갑게 외면하고 돌아서는 매정함, 그런 걸 맛보게 해주고 싶었죠.

그렇게 야심 찬 복수를 꿈꿨건만 막상 집을 나오니 갈 곳이 없더군요. 무작정 지방에 있는 선배에게 전화를 걸었습니다. 문득 보고 싶기도 해서, 혼자 주택에 살고 있는 그 선배를 찾아갔습니다. 예정일을 두 주 정도 남겨뒀을 때라 배가 많이 무거웠습니다. 아기도 불쌍하고 저도 처량하더군요.

남들은 가장 귀하게 여겨진다는 그 시기에 싸운 터라 더욱 화가 난 저는 혼자 아기를 낳고 신랑에게는 알리지도 않을 작정이었습니다. 인터넷 기사로 아기 출생 소식을 듣는다면 신랑이 어떤 표정을 지을까 상상하기도 했습니다. 참 지금 생각해도 비장했습니다(그런데 싸운 이유가 생각나지 않다니요). 물론 그다음 날 신랑이 사과를 했지만, 지금 생각해도 또 화가 나는군요. 그때 본때를 보여주는 건데 너무 쉽게 용서했나봅니다. 그로부터 사흘 뒤에 아기가 태어났습니다(부디 그 사건이 저의 마지막 가출이 되기를 바랍니다).

어린 시절에도 가출을 꿈꾼 적이 있습니다. 부모님이 제가 가출했다는 사실을 깨닫기도 전에 집으로 돌아와버렸지만요. '펠레'와 같이 말입니다. 린드그렌이 쓴 「펠레의 가출」에 등장하는 펠레는 없어진 만년필에 대해 아빠가 추궁하자 가출을 해서 아빠의 마음을 아프게 하기로 마음먹습니다. 엄마에게 가출을 선언하고 '마당에 있는' 하트의 집으로 나가버립니다. 잘못 읽은 게 아닙니다. 야심찬 가출이건만 그곳은 '마당에 있는' 집이었습니다. 펠레로서는 머나먼 가출이었고, 엄마 아빠가 자신이 집을 나간 걸 알고 엉엉엉 울며 슬퍼해도 이제는 할 수 없다며 마음을 다잡습니다.

하트의 집에서는 시간이 더디 갑니다. 엄마가 집에서 무얼 하고 있는지 펠레는 궁금해서 견딜 수가 없습니다. 현관에 들어서면서 펠레는 엄마에게 크리스마스에 배달되는 우편물을 자기에게 전달해 줄 것을 부탁합니다. 어린 펠레에게도 대의명분은 필요했지요. 집으로 돌아오라는 엄마의 간곡한 부탁에, 펠레는 가끔은 실수도 하지만 자신을 너무도 사랑하는 엄마 아빠를 용서하고야 맙니다. 얼마 후 아빠가 돌아와 언제나처럼 펠레를 부릅니다. "우리 펠레 어디 있니?" 그러면 펠레는 "아빠, 저 여기 있어요" 하며 뛰어가 아빠 품에 안깁니다.

삼십대 싱글들과 점심을 먹을 기회가 있었습니다. 소개팅이 밀려와 귀찮다는 친구도 있었고, 한 주 한 주 숙제를 하듯이 꿋꿋이 그리고 열심히 남자를 소개 받으러 나간다는 후배도 있었습니다. 그들은 올해 다녀온 휴가지 이야기며 소개받은 사람들에 대해 이러쿵저러쿵 품평을 늘어놓았습니다.

그들의 얘기를 듣는 순간, 자유로웠던 싱글의 기억이 문득 아련히 되살아났습니다. 물론 가을이라는 계절도 한몫했지요. 그날 잠자리에서 저는 신랑에게 물었습니다. 아기가 태어나서 기쁜 것과는 별개로 당신이 책임져야 하는 가족이 생겼다는 게 덜컥 겁이 나기도 하고 부담스럽지 않느냐고 말이지요. 신랑은 그저 아이가 태어나준 게 고맙다는 생각 말고 다른 생각은 들지 않는다고 하더군요.

여자와 남자의 차이인지, 아니면 부성애를 타고난 신랑이 조금 특별한 것인지는 모르겠지만, 저는 아기를 낳고 백일이 지나 이제 숨 돌릴 여유가 생기자 생활이 조금씩 답답해지기 시작했습니다. 아기를 위해서라면 '기꺼이' 포기해야 하는 것들인데도, 예전처럼 여행도 가고 싶고 사람들도 만나고 싶어집니다.

아이를 기르려면 징역 10년에 집행유예 30년을 선고받았다 생각하고 묵묵히 지내야 한다고 하는데, 벌써부터 어딘가로 떠나고 싶습니다. 신랑과 둘이서 열심히 계획을 짜봅니다. 도무지 답이 나오질 않습니다. 결국 저에게는 휴가가 절대적으로 필요하다고 설득한 뒤 따로따로 휴가를 가기로 합의를 봤습니다. 아직 실행하지는 못했지만 그래도 백지수표를 가진 것처럼 마음만은 한결 여유로워졌습니다. 떠나자마자 아기 생각에 우울해하는 엄마도 있다고 하던데, 저는 어떤 스타일인지 잘 모르겠습니다. 세상의 모든 엄마들도 때때로 가출하고 싶은 생각이 드는 게 당연하지 않을까요.

"정민아, 나 너희 집에 가서 한나절만 자고 갈게. 오늘 휴가 냈는데 집에서는 일이 많아서 쉴 수가 없어. 하루만 늘어지게 자고 싶어." 시어머니를 모시고 사는 친구는 휴가를 내고서도 출근하듯 집에서 나온다고 합니다. 엄마이자 아내로 사는 한, 자기 집이라 할지라도 집은 온전한 휴식의 공간만은 아닌가봅니다. 친구에게 푹신한 이불을 깔아주고 문을 닫고 나왔습니다. 인기척도 없이 친구는 죽은 듯이 잡니다. 푸석해진 얼굴로 일어난 친구에게 밥을 차려주니, "내가 안 한 밥은 뭐든 맛있다"며 제가 차려준 밥을 꿀같이 달게 먹습니다.

대부분 주부들은 밖에서 일하고 집에 돌아와서도 또 다른 일을 시작합니다. 집 역시 작업 공간의 연장입니다. 나 몰라라 하고 누워 있을 수가 없습니다. 주말에 소파와 한 몸이 되어 일어나질 않는 신랑은 제가 바지런히 거실을 왔다갔다하하면 "너는 뭐가 그리 바쁘니?" 하면서 신기해합니다. 아무리 불량주부라고 해도 직장 생활 하랴 살림하랴 늘 분주한 걸 정말 신랑은 모르는 걸까요.

언젠가부터 마음속에 슬그머니 욕심이 생깁니다. 언젠가는 바로 저 같은 주부들을 위한 쉼터를 만들어보는 건 어떨까 하고요. 정말 심각한 위기에 봉착해서 일신을 맡겨야 하는 이들과 더불어 오늘 하루 집에서 숨 쉬는 공기가 답답하고 견딜 수 없는 주부가 맘 편히 큰 숨을 내쉴 수 있는 쉼터를 말입니다. 친정부모님께 걱정도 안 끼치고, 친구 앞에서 자존심 상하는 일도 없이 잠깐 숨어 있기 좋은 방. 그런 방이 절실하게 필요했던 경험 없나요.

☆ 『난 뭐든지 할 수 있어』 중 「펠레의 가출」, 아스트리드 린드그렌 글

P.S. I LOVE YOU

예전에 가수 김장훈 씨가 가출했던 경험을 털어놓는데
크게 웃은 기억이 납니다.
초등학생이었던 김장훈 씨가 어느 날 어머니한테
긴 꾸지람을 들었다고 합니다.
무릎을 꿇고 앉아서 길고 긴 잔소리를 듣고 있으려니
억울하기도 하고 서럽기도 해서 외쳤답니다. "나 집 나갈 거예요!"
비장하게 폭탄선언을 터뜨리고 방문을 박차려 했건만,
소년 김장훈은 그 자리에서 좌절을 겪고 말았답니다.
너무 오랫동안 무릎을 꿇고 앉아 있던 통에
다리가 저려서 방문을 박차기는커녕 다리를 펼 수도 없었던 거죠.
사실 많은 사람들의 가출이 이런 식으로 좌절되지 않나요?
웅비를 펼치고 야심차게 나가려고 해도 사소한 덫에 걸려
야심을 접는 거죠.
하긴 어쩌면 바로 그런 이유로 어이없는 가출이
다스려지기도 하는 것 같네요.

아기 키우기는 어려워

"정민 씨, 왕자님이에요."

이제 막 제 뱃속을 빠져나온 아기와 만나던 순간을 잊지 못합니다. 너무 여리고 가늘어서 숨도 쉴 수 없고 눈도 제대로 뜨지 못한 아기가 제 배 위에서 "응애" 하고 울고 있었습니다. 아기를 본 순간 제 머릿속에 든 생각은 '앗! 우리 신랑이다!' 였습니다. 신기하고 놀랍고 약간은 서운했습니다. 저와는 조금도 닮은 구석 없이 완전히 신랑 판박이였으니까요. 신랑은 덩실덩실 춤이라도 출 기세였습니다.

그렇게 아기와 만난 지 백일쯤. 아기는 아직 목도 가누지 못합니다. 그런 아기를 보는 제 기분은 날계란을 바짓주머니에 넣고 길을 가는 것 같다고나 할까요. 마냥 조심조심 합니다. 아기가 잠을 자지 않고 칭얼댈 때면 '어서 자라, 어서 자라' 속으로 주문을 외지만 막상 아기가 곤히 잠들어 있는 걸 보면 더럭 겁이 나기도 합니다. '우리 아기가 지금 숨을 쉬고 있는 건가?' 무서운 마음에 아기 코에 손가락을 갖다 대보기도 하고, 가슴이 오르락내리락하는지 살펴보기도 합니다. '혹시라도 아기가 이대로 안 깨어나면 어쩌지 무서워, 무서워' 애를 끓이다가, 아기가 푹 자고 일어나서 까만 눈동자로 저를 쳐다보면 왠지 울컥합니다. 다시 깨어나줘서 고마워~ 고마워~.

이렇듯 조심스러운 마음은 첫 아기를 키우는 엄마들이라면 모두 비슷할 겁니다. 그래서 아기한테 조금이라도 이상이 생기면 다른 사람들에게 물어보고, 책도 뒤져보고, 인터넷에 매달리기도 합니다.

처음 산후조리원에서 집으로 돌아와서는 아기의 얼굴색만 변해도 『삐뽀삐뽀 119 소아과』 같은 육아서를 먼저 펼치는 게 일이었는데, 이런 저를 보고 어른들이 놀리십니다. "아기야, 너네 엄마는 만날 책만 보냐" 하고요. 아기한테 젖을 주는 일만 해도 그렇더군요.

주변의 얘기를 들어보면 십 년 전만 해도 산부인과나 소아과나 모유 수유에 대해 무관심했다던데 요즘은 적극적으로 모유 수유를 권합니다. 특히 태어나자마자 처음 젖을 물린 아기와 그렇지 않은 아기는 확실히 차이가 있다고 합니다. 그래서 저도 아기를 낳은 병원 신생아실에다 스푼 피딩(스푼으로 아이에게 젖을 떠먹이는 방법)을 부탁했습니다. 산모가 아기를 낳고 이삼 일 정도 있어야 젖이 도는데 심한 젖몸살을 앓기도 해서 정상적으로 젖을 먹이기까지는 좀 시간이 걸립니다. 그동안 신생아실에서 젖을 먹이게 되는데 젖을 직접 빠는 것이 아기에게는 크나큰 노동이라고 합니다. 젖병에 든 우유를 빠는 것보다 엄마의 젖을 빠는 것이 백 배 정도 더 힘들다고 하더군요. 그래서 아기가 신생아실에서 젖병으로 우유를 먹기 시작하면 모유 수유에 실패할 확률이 높아질까봐, 신생아실에 전화를 걸어 스푼 피딩을 부탁한 거였지요. 그런 저를 보고 한쪽에선 너무 유난스럽게 군다는 시선을 던진 것도 같습니다. 물론 다른 편에서는 잘한다며 격려를 보내주기도 했죠.

그때까지만 해도 그냥 그런가보다 했습니다. 이런 의견도 있고 저런 의견도 있으려니 했던 거죠. 아기를 키우면서 보니, 모든 게 그런 식이더군요. 예를 들어, 아기에게 황달 증세가 나타났을 때에도 그랬습니다. 병원의 조치와는 별도로 저 역시 이것저것 뒤져보기 시작했습니다. 그런데 이게 웬일인가요. 신생아 황달일 경우 아기한테 모유를 먹이지 말라는 의견이 있는가 하면, 그래도 젖은 계속 물려야 한다는 의견도 있었습니다. 전문가들의 의견이 180도 다르니 당황할 수밖에 없었죠.

아기가 감기에 걸렸을 때에도 어떤 의사들은 절대 집 밖에 나가지 말라고 하는가 하면, 또 다른 분들은 산책을 하면서 맑은 공기를 쐬어주는 게 좋다고 합니다. 그뿐인가요. 아기를 돌보거나 가르치는 방법에 대해서도 마찬가지였습니다.

제가 도움을 얻곤 하는 육아서에서는 보행기에 너무 일찍 앉히지 말라고 하더군요. 아기가 앉거나 서지 못하는 건 뼈나 관절이 준비가 덜 되어 있어서인데 무리해서 보행기에 앉혀 그걸 밀고 다니게 하는 건 아기 몸에 무리를 주는 것이라고요. 그런데 주변에서는 얼른 보행기에 앉혀서 다리 힘을 길러주라고 충고를 하기도 했습니다. 운동을 하면 근육이 발달되듯 아기 역시 마찬가지라는 게 그 설명이었죠. 휴~ 아기가 잠들면, 혹시라도 다시 깨지 않으면 어쩌나 조바심을 내는 초보 엄마가 이렇듯 전혀 다른 의견들 사이에서 갈팡질팡하는 건 자연스러운 일이겠죠? 부디 저만 이렇게 헤매는 것은 아니길 빌어봅니다.

아기를 낳고 이런저런 선물을 받았는데, 그중에 『사과가 쿵!』이라는 그림책이 있었습니다. 「FM대행진」의 '서점 가는 길' 코너에서 책을 소개하는 한미화 선생님의 선물이었습니다. 아기와 제가 함께 할 수 있는 선물이어서 무척 고마웠습니다. 그림책을 넘기면 펼침 페이지 한가득 커다랗고 빨간 사과가 등장합니다. 그러고는 온갖

동물들이 사과를 갉아먹고 빨아먹고 야금야금 먹어대죠.

커다란 커어다란 사과가…… 쿵!
사각 사각 사각 아, 싱싱해.

애벌레부터 코끼리까지 차례로 등장해 열심히 사과를 갉아먹는 모습이 한껏 군침을 흘리게 하는 책입니다. 귀여운 동물들의 출현도 재미있고 아삭아삭, 사각사각 사과 먹는 소리를 큰 소리로 읽어주다보면, 개인기 없는 엄마 아빠라도 생동감 있게 그림책을 읽어 줄 수 있습니다. 우리 신랑은 동화책을 읽으며 한마디 합니다. "와, 이런 책은 나도 쓰겠다."

제가 보기에도 이야기가 너무 단순한데, 희한하게도 되풀이하고 또 되풀이해서 읽어주어도 책을 읽는 저도 지루하지 않고 아기도 읽을 때마다 새록새록 반응을 보입니다. 책에 마법가루를 뿌렸나. 초보 엄마인 제가 이 궁리 저 궁리 해보니 그림책에 등장하는 어휘 자체가 맛있고 생동감이 넘치기 때문이 아닌가 싶습니다. 더불어 일본 사람인 다다 히로시의 원작 그림책에는 어떻게 표현되어 있을까도 궁금해지더군요. 또래 엄마들에게 물어보니『사과가 쿵!』은 집집마다 한 권씩 간직하고 있는 인기 있는 그림책이었습니다.

요즘 들어 이 책을 아기한테 읽어줄 때면, 책을 읽는 재미와는 별개로 이 책을 볼 때마다 드는 생각이 있습니다. 커다란 사과가 쿵! 떨어지듯 저한테도 아기 키우는 정답 보따리가 쿵! 하고 떨어졌으면 하는 거죠.『사과가 쿵!』을 보면 내용에 관계없이 책 화면이 아주 시원합니다. 커다랗고 빨간 사과가 턱하니 그려져 있으니, 복잡할 것도 없고 골치 아플 것도 없습니다. 아기를 키우는 것도 그러면 얼마나 좋을까요. 복잡하지 않고 골치 아플 것도 없이 그냥 열심히 먹이고 입히고 재우고 사랑해 주면 잘 자란다고 확신할 수 있다면 좋겠습니다.

아기를 돌보는 데에는 전혀 다른 여러 가지 방법론이 있고, 그 중에서 선택을 해야 하는 건 엄마의 몫이다보니 고민은 자꾸만 커집니다. 그런 면에서 「FM대행진」의 염진영 작가가 부러울 때가 많습니다. 개구쟁이 사내아이 둘을 키우면서도 늘 여유가 있어서 신기하다 했는데, 그게 알고 보니 믿음에서 나오는 듯합니다. 신중하게 선택하되 선택한 후에는 뒤돌아보거나 후회하지 않으니 앞으로 나아가는 힘을 얻는 모양입니다. 저 역시 그런 힘을 얻고 싶습니다.

☆『사과가 쿵!』, 다다 히로시 글·그림

P.S. I LOVE YOU

처음 아기를 낳고 스푼 피딩을 부탁할 만큼 까다롭게 굴었지만
요즘은 제게 약간의 변화가 생겼습니다.
여유가 생긴 건지 아니면 원래의 제 성격으로 돌아온 건지
아무튼 처음처럼 조바심을 내진 않게 되네요.
하긴 조리원에 있을 때 의사선생님들이 와서 강의해 준
내용의 절반 이상은 '병원에 오지 말고 기다려라' 였습니다.

일하는 엄마의 산후우울증

「FM대행진」을 함께했던 정유라 피디가 아이를 가졌습니다. 냄새만 맡아도 속이 메슥거리고 속이 헛헛하답니다. 계속 먹어야 한다는 의무감에 식사를 하긴 하는데 소화는 안 되니 죽을 맛이랍니다. 임신하고 나서 내내 기분이 안 좋다며 씁쓸해합니다. 저 역시 임신 기간 내내 몸은 피곤하고 소화는 안 되고 계속 토하느라 저기압이었습니다. 사람들이 임신 소식을 듣고 축하해 주고 집안 어르신들은 좋아들 하셔서 내색은 잘 못 했지만 점점 우울해지기만 하더군요.

몸에 새 생명이 자라고 있으니 피곤한 건 당연했지요. 하지만 그 당시 상황에서는 회사에서 맡은 프로그램도, 대학원 과정도 잘

해내고 싶었습니다. 다들 아기를 낳고 나면 상상하지도 못할 일이 벌어진다고들 겁을 주는 통에, 그전에 악착같이 원고도 써놓고 심지어는 논문 초안까지도 작성해 놓으려고 했던거죠(물론 초반에 포기했지만요). "정말 임신한 거 맞아" 하고 저 스스로 중얼거릴 만큼 왕성하게 일을 벌였습니다.

그런데 그렇게 벌여놓은 일에 복병이 생겼습니다. 기다리던 아기였건만 제 감정이 기쁨의 활화산으로 끓어오르지 않는다는 사실이 저를 당황하게 만든 거죠. 영화나 책에서 보면 "임신입니다" 하고 의사가 알려주면 "오, 세상에!" 하면서 부부가 부둥켜안고 환희의 눈물을 흘리고 주변에 전화를 걸어 파티를 하곤 하는데 말이지요. 당연히 그래야 한다고 생각했는데, 벌여놓은 일 많은 엄마가 돼서 제 몸뚱어리 힘들다고 이렇게 기분이 가라앉다니…… 제 자신에 대한 실망감 때문에 마냥 즐겁기만 한 임신도, 마냥 씩씩한 임산부도 되지 못했습니다. 그렇게 갈팡질팡하는 사이에 아기와 만나게 됐죠.

아기를 낳고 나서 처음 며칠간은 아기와 함께 있지 못했습니다. 아기가 양수를 먹어 호흡 곤란 증상과 신생아 황달 증상을 보였기 때문입니다. 호흡 곤란은 다행스럽게도 하루 만에 폐가 확장되어 산소마스크를 떼어낼 수 있었습니다. 신생아 황달은 흔하다고들 합니다. 그런데 막상 제가 당하고 보니 그렇게 태평스럽게 말하지는 못하겠더군요. 내 아기가 치료를 위해 그 까만 선글라스 같은 띠를 눈가에 두르고 빛을 쪼이고 있는 모습을 보고 있노라니 걷잡을 수 없이 눈물이 쏟아졌습니다. 아기를 낳고 울면 안 좋다고 걱정을 해주는데도 눈물이 멈추지를 않더군요. 그랬던 탓일까요. 아기를 낳고 나니 다시 아기가 돼버린 것 같았습니다. 친정엄마가 너무 보고 싶더군요. 친정엄마 목소리만 들어도 눈물이 나고, 집으로 돌아가신다고 하면 왜 그렇게 서운한지 무슨 핑계를 대서라도 엄마를 조금이라도 더 붙잡고 싶었습니다.

아기를 낳기 전에 제 고집대로 친정에서 멀찌감치 떨어진 곳에 조리원을 정한 터라 연세 많은 친정부모님이 매일매일 조리원으로 출근을 하시느라 더운 여름날에 땀깨나 흘리셨습니다. 그걸 뻔히 알면서도 맘 한편으로는 왜 그렇게 엄마한테 매달리고만 싶던지…… 희한하게도 엄마가 되고 나니 세상 누구보다 절실하게 그리운 사람이 친정엄마였습니다.

하루는 혼자 누웠는데 하염없이 눈물이 흘렀습니다. 그 와중에 신랑에게 전화가 왔습니다. 신랑은 우울증 치료 전문인 정신과의사라 그 순간 신랑의 도움을 받아야겠다는 생각이 들어 증상을 설명했습니다. "자기야, 딱히 무슨 일이 있는 건 아닌데, 아무 일도 없는데 눈물이 그치질 않아. 호르몬 이상인가. 어떻게 해야 할지 모르겠어"
라고 울먹거리면서도 최대한 논리적으로 얘기를 했습니다. 그런데
신랑이 그러더군요. "미역국 열심히 먹어." 압니다, 그게 내 신랑 특
유의 유머라는 것을요.

마치 아이들이 그린 그림처럼 원색으로 화면을 쓱쓱 채워놓은
그림책이 있습니다. 몰리 뱅의 『쏘피가 화나면—정말, 정말 화나
면…』인데, 감정 다스리기가 주제인 책입니다. 책 속의 쏘피는 화가
잔뜩 나 있습니다. 언니한테 고릴라 인형을 빼앗기지 않으려고 버티
다가 장난감 트럭에 걸려 넘어지고 말았거든요. 아프고 억울하고 언
니가 미워진 쏘피는 소리를 지르기도 하고 울기도 합니다. 그 맘이
잘 다스려지지 않아서 결국 집을 뛰쳐나가죠. 그 대목까지 책은 분
노의 대질주를 보여줍니다. 쏘피가 자신의 속상한 기분을 맘껏 분출
하니까요. 특히 쏘피가 소리를 지르는 장면, 두 페이지에 걸쳐 가득
펼쳐진 분노의 불길을 보면 카타르시스가 느껴집니다. "새빨간 빨
간색처럼 소리 질렀어요" 하는 장면이 그렇지요. 저 역시 그러고 싶
었으니까요.

아기를 낳고 나면 우울의 늪에서 빠져 나오지 못하는 사람들이
많은 듯합니다. 얼마 전 「그것이 알고 싶다」라는 TV 프로그램에서
산후우울증 문제를 다뤘습니다. 산후우울증으로 아이들에게 세심

하게 신경을 쓰거나 돌보지 못하고 무력감에 시달리는 엄마들의 이야기가 여러 편 소개되었는데, 그 프로그램을 본 엄마라면 이해되는 구석이 많았을 겁니다.

정도의 차이는 있겠지만 아기를 낳고 나면 세상에서 아기와 엄마인 나만 뚝 떨어져 나와 다른 별로 이사와 버린 기분이 듭니다. 다른 사람의 도움의 손길도 없고, 아기는 온전히 엄마의 책임으로 덩그러니 맡겨지니까요. 그럴수록 사람들이 그립고 훨훨 날듯 자유롭던 시절이 그리워집니다. 또 아기를 품에 안으면 콩콩 뛰는 그 작은 가슴과 가쁜 숨은 왜 그리 불안감을 부채질하는지요. 그 연약하고 애처로운 생명을 힘차게 품어줄 자신이 없어 무섭고 서글퍼집니다.

특히 견딜 수 없는 건, 아기를 안은 기쁨은 온전히 누리지 못한 채 안절부절못하는 자기 자신이죠. '내 모성은 겨우 여기까지인가. 나에겐 모성이 결핍된 게 아닐까.' 그런 자책감 때문에 우울증은 깊어갑니다. 모성이 숭고한 것은 맞지만, 때로는 그 모성의 무게에 짓눌려 힘들었던 기억은 아기를 낳은 엄마들 대부분이 겪었을 것 같네요. 그래서 엄마들은 쏘피처럼 마음껏 기분을 분출시킬 수 없는 건지도 모릅니다. 모성 결핍의 존재가 부끄러워서요.

산모는 숨겨진 고통 속에 시들어가는데도 주변 사람들은 으레 그러려니 합니다. 젖먹이 엄마라 체력 소모가 많아서 그런 거라며 깊은 그늘을 가볍게 넘겨버립니다. 바로 그런 이유로 솔직한 분노의 화신인 쏘피가 부러웠습니다.

저는 일 년을 목표로 지금도 모유 먹이기를 계속하고 있지만, 이것도 너무 힘들어서 그만두고 싶을 때가 많습니다. 익숙하지 않은 상태에서 젖을 먹이기 시작하니 허리며 어깨가 끊어질 듯 아파옵니다. 그렇다고 힘없이 늘어져서도 안 되죠. 엄마가 조금이라도 덜 먹으면 젖이 줄어들까 싶어서, 입맛이 없으면 밥맛으로 먹는다는 기분으로 먹습니다. 그 와중에 출산 휴가가 끝나 직장에 복귀한 저는 삼시 세 끼 먹는 게 그날의 화두가 되고 말았습니다.

더군다나 카메라 앞에 서야 해서 남아 있는 살을 빨리 빼고 싶은 생각도 간절한데 상황이 받쳐주질 않습니다. 제 경우에는 출산 후 얼굴은 오히려 홀쭉해져서 얼굴만 보면 저도 속아 넘어갈 지경입니다. 제 얼굴을 보고는 저도 살이 다 빠진 줄 알았으니까요. 그런데 방송국 로비에서 누군가 멀리서 환하게 웃으며 다가오더니 이런 말로 반갑게 인사를 건네더라고요. "정민아, 너는 살찌니까 더 보기 좋다." 아, 그러면 그렇지.

일을 끝내고 바로 집으로 달려오면 운동하러 갈 시간도 마땅치 않고 그렇다고 먹는 양을 줄일 수도 없고 예전에 입던 옷은 죄다 맞지 않으니, 그야말로 우울의 극치였습니다. 게다가 한동안 퇴근하기

무섭게 집으로 열심히 달려오던 신랑도 그동안 하지 못했던 일들을 처리하느라 매일 야근이니 견디기가 힘들었습니다.

어느 날인가는 원고를 쓰다 늦게 잠들어 새벽에 일어나기 힘들어하자, 신랑이 "아줌마가 뭐 하려고 고생하냐"고 이젠 그만 포기하라더군요. 힘들어하는 저를 위해 한 말이지만, 이건 아니다 싶어 오히려 정신이 번쩍 나더군요. 오기가 원동력이 되어주었다고나 할까요.

예전에는 아무것도 먹지 않고 나가도 아침 방송을 거뜬히 해내곤 했는데, 출산 휴가를 마친 뒤로 며칠 그렇게 나가니 배가 고파서 목소리가 제대로 나오질 않았습니다. 아침 먹고 아기 젖 먹이고 회사에 나가 있는 동안 먹일 젖을 짜놓고 나가려면 새벽 4시 반에는 일어나야 합니다. 출산 휴가가 끝나갈 무렵 아기 예방주사 때문에 소아과에 갔더니 엄마와 아기가 적어도 3주 전부터는 엄마의 스케줄에 맞추도록 연습해야 한다고 하더군요. 어두운 새벽에 잠도 덜 깬 아기를 달래가면서 젖을 먹이려니 '참, 너도 고생이구나' 싶은 게 아기가 안쓰러웠습니다. 이제는 어느 정도 단련이 되어서 아기도 저도 시간에 맞춰 잘 일어나기는 하지만 그래도 마음이 어디 그런가요.

엄마가 되면 '편안한 숙면과는 안녕'이라고 하더니 정말 어디 가서 잠이라도 푹 자고 싶은 심정입니다. 아기가 조금이라도 칭얼대는 소리가 들리면 언제 어디서라도 번쩍 잠에서 깨어납니다. 아기를 봐주겠다고 철석같이 약속한 신랑은 아기가 칭얼대도 등을 돌리고 그야말로 굳세게 쿨쿨 잡니다.

주말을 보내고 회사에 와보면 여자 선배들은 늘 피곤한 얼굴입니다. 결혼 전에는 '다들 왜 그럴까' 싶었습니다. 지금은 어떠냐고요? 그 모든 일들을 다 치러낸 선배들이 존경스럽습니다.

언제쯤이면 저도 깊이 잠들 수 있고 어디 호젓한 곳으로 여행이라도 갈 수 있을까요. 그날이 오기는 오는 걸까요? 불을 뿜듯이 화를 내던 쏘피는 집을 뛰쳐나가 자연의 품에서 마음을 다스렸는데, 저도 한 번쯤 그런 자유를 누려보면 안 될까요? 안 되겠죠? 정말 안 되는 건가요? 나중에라도 한 번은요?

☆ 『쏘피가 화나면—정말, 정말 화나면…』, 몰리 뱅 글·그림

때로는 남편보다 아줌마가 더 필요해

『엄마의 의자』라는 따뜻한 그림책이 있습니다. 블루 타일 식당에서 하루 종일 힘들게 일하는 엄마를 위해 포근하고 편안한 의자를 사고 싶어하는 아이의 이야기를 담은 책입니다. 아이는 수업이 끝나면 엄마가 일하는 식당으로 가서 식당일을 돕습니다. 그 대가로 동전을 얻어서 부지런히 저금을 하죠. 유리병 속에 동전이 가득 차면 엄마를 위해 의자를 사러 가야 하니까요. 그리고 드디어 의자를 삽니다. 힘들게 일하고 돌아온 엄마는 늘 발이 아프다고 합니다. "어디 무거운 발을 올려놓을 만한 데가 있어야지" 하면서요.

일을 하면서 아기를 키우는 엄마들에게도 이런 의자가 꼭 필요하지요. 어떤 게 가능할까요?

첫번째, 남편이라는 이름의 의자

집안일에 관한 한 결혼한 선배들이 이구동성으로 말하기를, 일주일에 한 번은 일하는 아주머니의 도움을 받으라더군요. 집안일 분담으로 신랑과 괜한 실랑이 벌이지 말고, 다른 이의 도움을 받으며 차라리 그 시간을 즐기라고요. 이런저런 고민이 많았지만 결국 저와 남편은 조금 힘들더라도 아기가 생기기 전까지는 우리 힘으로 꾸려나가보자고 결심했습니다. 바깥일이 중요한 만큼 가정에도 시간과 노력을 투자해야 하고, 집안일은 해도 티도 나지 않기 때문에 일부러라도 해봐야 그 어려움을 실감한다는 생각에서였지요. 일주일에 한 번은 둘이 함께 청소를 하고 나머지 날들은 제가 알아서 하고, 한 사람이 식사를 준비하면 다른 사람은 설거지를 하기로 원칙을 세웠습니다.

집안일을 하지 않던 신랑은 처음에는 귀찮아하며 자꾸 미루었지만 그런대로 조금씩 생활에 적응해 나갔습니다. 누구에게나 습관이 중요하듯 결혼 생활도 처음에 원칙을 세우는 것이 중요합니다. 다행히 시어머니께서도 너희 둘 다 일하는 사람들인데 서로 도와야지 하며 제 의견에 힘을 실어주셨습니다. 지금은 신랑이 저보다 청

소를 더 깨끗이 잘하는 편입니다.

임신했을 때에는 시누이가 힘이 되어주기도 했습니다. "엄마 되면 그때부터는 고생이야. 지금이 제일 귀하게 대접받을 때이니 그냥 앉아 있어" 하면서 무거운 것도 대신 들어주고 이것저것 챙겨주었습니다. 그때만 해도 아무 생각이 없었지요.

그렇게 아기를 낳기 전까지는 둘이 그럭저럭 꾸려갔는데 막상 아기가 태어나니 얘기가 달라졌습니다. 참으로 묘한 것은 저와 남편이 동시에 아기를 만났는데, 왜 제가 늘 신랑에게 뭔가를 가르쳐야 하느냐는 것이었습니다. 앞서도 말했듯이 제 남편은 많은 일에 협조적입니다. 해보지 않은 집안일에 대한 거부감도 비교적 적었습니다. 단, 문제는 시키는 일만 잘한다는 겁니다. 저도 초보 엄마, 남편도 초보 아빠인데 아기를 어떻게 돌봐야 하는지 아는 건 왜 저뿐일까요?

다른 엄마들도 비슷한 얘기를 많이 하더군요. 남편은 엔터 키를 눌러야 명령을 실행하는 컴퓨터처럼 대기 상태로만 있다는 겁니다. 또 "저쪽 방 서랍장 세번째 서랍을 열면, 코끼리가 그려진 아기 내복이 있고, 그 옆에는 양말이 있으니 가져와라"라는 식으로 말해 주지 않고 그냥 "코끼리 내복 좀 갖다 줘" 하면 한참을 뒤적이다가 "어딨어?" 하는 소리가 꼭 나온다는 겁니다. 엄마와 아빠가 된 시점은 같은데, 진도를 앞서 가는 건 왜 늘 엄마일까요?

예전에 영국의 BBC 방송에서 부부관계 개선을 위한 TV 공개 강좌를 한 적이 있는데, 여성들의 가장 열렬한 호응을 받은 건 애견 조련사였다고 합니다. 강아지를 훈련시킬 때에는 반복과 구체적인 지시, 그리고 지시를 잘 따랐을 때에 대한 칭찬이 필수인데 남편을 대할 때에도 바로 그런 방법이 좋다고 한 거죠. 여성 시청자들은 열광했지만, 그 강좌는 더 이상 이어질 수 없었다고 합니다. 우리를 뭘로 보냐는 남성들의 항의가 빗발쳤던 거지요. 남편들이 아내에게 필요한 의자가 될 수 있을까요? 글쎄요.

두번째, 친정엄마 혹은 시어머니라는 이름의 의자

낯선 사람에게 아기를 맡기는 것이 불안하다고 과감히 시댁에 들어간 후배가 있습니다. 직장에서도, 집에서도 격무에 시달리지만 아기가 어느 정도 클 때까지 자기 생활은 없는 거라고 다짐하며 총총히 집으로 달려가곤 합니다. 시댁에서 아이를 봐주지 않겠다고 해서 친정에 들어가서 사는 선배 언니도 있었습니다. 이런 경우 나중에 아이가 크면 같이 살지 않아 살갑지 않은 손자 때문에 시어머니가 무척 서운해한다고 합니다.

저 역시 아기를 낳을 무렵 친정엄마를 떠올리지 않은 건 아닙니다. 하지만 그건 아무래도 엄마에게 못할 짓 같았습니다. 제가 늦둥이 막내라서 엄마의 연세도 걱정스러운데, 손이 많이 가는 아기를 맡겨 더 힘들게 할 수는 없었으니까요. 친정엄마나 시어머니가 육아에서 누구보다 믿을 만한 사람이긴 하지만, 그분들께 맡긴다고 능사는 아닙니다.

아는 선배 중 한 명은 아기를 친정엄마에게 맡겨서 키우는 처지인데 한번은 모녀 동반 미국 여행을 가게 되었답니다. 아기 옷 쇼핑에 나선 두 사람은 옷을 놓고 끊임없이 티격태격했습니다. 친정엄마가 고른 옷은 선배가 보기에 촌스럽고, 선배가 고른 옷은 친정엄마 눈에는 겉만 번듯할 뿐 아기한테는 불편해 보였던 거지요. 그렇게 한창 실랑이를 벌이는데 그곳에서 옷을 팔던 검은 피부의 직원이 조용히 선배를 불러서 이렇게 말하더랍니다. "그냥 어머니가 고른 옷을 사세요. 그게 맘 편해요."

선배와 선배의 친정엄마야 물론 우리말로 실랑이를 벌였을 테지만, 그 미국인은 분위기로 모든 걸 짐작한 거죠. 하긴 미국이라고 우리가 겪는 일을 겪지 않을까요. 결국 선배는 아주 단순하면서도 현명한 방법을 취했다고 합니다. 두 가지 옷을 모두 산 것이죠. 육아에 관한 한 세대 차이는 어쩔 수 없나봅니다. 사랑이란 출발선은 같지만!

각 세대간의 환경과 태도가 다르기 때문에 아무래도 갈등이 안 생길 수 없겠죠. 우리 어머니들 세대는 안 그래도 힘든 일을 많이 겪었는데, 편히 쉬실 나이에 다시 아기 키우는 일에 나서야 하니, 우리나라의 육아 환경이 원망스럽습니다. 이런 상황에서 친정엄마나 시어머니가, 아기 키우는 엄마에게 필요한 의자가 될 수 있을까요?

세번째, 도우미 아주머니라는 이름의 의자

제가 아는 출판사 여사장 중 한 분은 중국인 교포 아주머니가 아이를 봐주는데 만족스럽다고 합니다. 엄마도 아니고, 더구나 중국인 교포 아주머니가 과연 그럴까 싶었는데, 아주머니가 교사 출신이라 자신보다 아이들에게 교육적으로 더 잘해준다고 하더군요. 좋은 인연을 만난 그분이 부럽기도 합니다.

현실적으로 생각했을 때 도우미 아주머니들은 최선의 선택인 듯 보입니다. 풍부한 경험으로 아기를 돌봐주고, 밤늦게 지친 몸으로 돌아와도 따끈한 밥을 준비해 주기도 하니까요. 도우미 아주머니의 도움을 받는 선배들은 일하는 아내에게 이것저것 해달라고 졸라대는 남편보다는 육아와 가사일을 도와주는 아주머니가 더 좋다는 말도 많이 합니다. 그러면서 덧붙이죠. 남편 없이는 살아도 아주머니 없이는 못 산다고요. 결혼 전에는 그런 말들이 엄살인 줄만 알았는데, 저 역시 가사와 육아일이 제 두 손에 닥치고 보니 때때로 남편보다 일을 도와주는 아주머니가 더 절실할 때가 많더군요.

하지만 세상에 마냥 좋기만 한 일은 없지요. 어찌 되었건 도우미 아주머니와 집안의 대소사를 늘 같이 해야 하다보니, 낯선 사람과 식구처럼 지내야 하는 셈입니다. 자연스럽게 조금씩 관계가 삐걱거리게 되겠죠. 친구 중 한 명은 다른 건 몰라도 TV를 너무 좋아하지 않는 아주머니를 바랐는데, 걱정 말라며 들어온 아주머니가 하루종일 TV를 끼고 살았다고 합니다. 어느새 아기도 TV만 틀면 너무 좋아하게 됐고, 특히 열광하는 프로그램은 광고라고 하는군요. 순간순간 빠르게 지나가는 화면과 경쾌한 음악에 어린 아기가 사로잡힌 거죠. 도우미 아주머니도 엄마의 편안한 의자가 되기는 힘들어 보이지요?

아이 봐주기에 관한 한 정답은 없어 보입니다. 아니, 정답을 찾기보다는 포기해야 할 것을 헤아려보는 게 현명할 듯싶네요. 누구라도, 아니 엄마 자신도 모든 걸 완벽하게 해내진 못할 테니까요. '엄마의 의자는 안락의자가 될 수는 없나봅니다. 아픈 다리를 잠깐 쉴 수 있는 지하철역의 의자 같은 것, 뭐 그런 게 아닐까요?

☆ 『엄마의 의자』, 베라 윌리엄스 글·그림

P.S. I LOVE YOU

세상의 모든 남편들은 왜 우리에게만 불평이냐고 하겠지만
그래도 어쩌겠어요. 부부라는 이름으로 만났으니 아내가 의지할 건
남편이라는 의자밖에 더 있나요.
「FM대행진」청취자 중 한 분이 보내주신 글을 소개해 볼까 합니다.
일명 「바가지 긁히는 모든 남편을 위한 글」입니다.
부디 아내들의 마음을 남편들이 알게 하소서.

1. 자신이 한 말과 행동이 같게 하소서.
2. 마누라의 똑같은 잔소리는 자신이 항상 같은 실수를 하기
   때문임을 깨닫게 하소서.
3. 잔소리가 듣기 싫어 대충 넘어가서 같은 실수를 반복하면
   훨씬 피곤하다는 걸 깨닫게 하소서.
4. 시어머니의 귀한 아들과 집안의 가장은 엄연히 다르다는 걸
   깨닫게 하소서.
5. 집안 살림은 도와주는 게 아니라 분담해야 한다는 사실을
   깨닫게 하소서.
6. 마누라의 수입이 남편과 같아야 집안일을 분담할 수 있다는
   속 뒤집는 소리가 망언임을 깨닫게 하소서.
   못 하겠다면 남편이 애를 낳게 하소서.

억척엄마와 불량엄마

아기가 태어나고 제 머리가 갑자기 두 개가 되어버린 것 같습니다. 한쪽 머리는 아기를 생각하고, 또 한쪽 머리로는 일을 생각합니다. 신화에나 나올 법한 두 개의 머리로 살다보니 늘 붕붕 떠다니는 것만 같습니다.

집에서는 일 생각에 한숨짓고, 밖에 나오면 아기 때문에 항상 초조합니다. 그 초조함의 밑바닥에는 '다른 엄마들은 아기한테 뭔가 많이 해준다는데 난 이렇게 나와 있어도 괜찮을까?' 하는 마음이 깔려 있죠. 그러던 중 어느 부지런한 후배와 함께 아기를 데리고 외출을 한 적이 있습니다. 찾아간 곳은 백일 무렵이면 시작한다는 유아교육 교실이었습니다. 정보에 빠르고 그만큼 부지런한 후배가 어리바리한 저를 위해 나서준 것이었지요. 아직도 아기와 함께 외출하려면 챙길 게 많아 한숨이 앞서는 저를 재촉해서 동행한 겁니다. 남들이 좋다니까, 이런 방법으로 똑똑하고 야무진 아기를 키워낼 수 있다고 하니까 내심 설레기도 했습니다. 그러나 설렘도 잠시. 그날 아기와 저의 외출은 주체할 수 없는 피곤함으로 끝을 맺었습니다.

찾아간 곳에서는 아기에게 쉴 새 없이 교재를 보여주고 말을 걸고, 높은 목소리로 확신에 차서 말했습니다. "어머니! 아기들은 스펀지와 같아요. 끊임없이 빨아들이죠. 아기가 그 놀라운 머리로 받아들이고 흡수한 씨앗들은 우리는 알 수 없는 어마어마한 열매로 피어날 겁니다. 이럴 때 어머니의 역할이 중요하죠. 어머니가 열심히 함께 해주시면 아기들의 가능성은 무한대로 뻗어나갑니다."

아직 목도 잘 못 가누는 아기가 그 작은 머릿속에 어마어마한 크기로 자라나는 바오밥나무 씨앗을 얻었는지는 모르겠지만, 그 씨앗이 좀 무거웠던 걸까요? 저와 아기는 집에 돌아오자마자 정신없이 잠을 빨아들였습니다. 스펀지처럼요. 그리고 그날 이후 바오밥나무 씨앗이 저에게도 옮겨졌나봅니다. 아기를 맡기고 일을 나가야 하는 저의 머릿속에서는 이 시대가 요구하는 억척엄마가 되어야 하는 건지, 그것과는 좀 다른 선택을 해야 하는 건지 갈등과 걱정이 무시무

시하게 뻗어나가고 있었으니 말입니다. 빈틈없는 자기관리와 살림은 물론이고 그 무엇보다 허술함 없는 교육 관리라는 야무진 사명을 너끈히 해치우는 억척엄마. 제가 과연 그런 일을 해낼 수 있을까요?

요즘 유아들이 다니는 시설 좋은 영어 학원은 한 반에 정원이 아홉 명이라고 합니다. 학생은 아홉 명인데 선생님은 무려 세 명이나 된다는군요. 당연히 아이들 하나하나가 철저하게 관리되고, 학원에서는 매일매일 아이들이 어떤 활동을 했는지를 학부모에게 모두 적어 보내준다고 합니다.

아이가 초등학교에 진학하면 억척엄마들은 더 바빠집니다. 초등학교 3학년 아이를 둔 친구는 아이에게 무려 열다섯 곳의 학원을 다니게 한다면서, 학원 다니기 편하도록 학교도 옮겼다고 합니다. 아이를 키우면서도 일을 하기 때문에 시댁과 친정을 오가며 몸이 부서져라 분주하게 사는 친구들도 있고, 아이에게 영재 테스트를 받게 하느라, 이 학원 저 학원에 보내느라 바쁜 친구들도 있습니다. 평범한 유치원에 아이를 보내는 친구들도 있고, 좋은 사립 유치원에 보내는 친구들도 있습니다. 학교 근처 초등학교에 아이를 보내는 친구도 있고, 명문 사립초등학교에 아이를 입학시키고는 마치 로또에라도 당첨된 듯이 기쁨에 겨워 운 친구도 있습니다. 생일이면 아이 친구들을 햄버거 가게로 불러 파티를 해주는 친구가 있는가 하면, 내로라하는 기업인의 자녀들이 여는 생일파티에 초대받기 위해 노심초사하는 친구도 있습니다.

그렇게 제각각 살아가는 모양대로 인정해 주면 좋을 텐데 그게 그렇게 간단치는 않은 모양입니다. 일하는 엄마들의 아이는 알게 모르게 따돌림을 당한다고 하니 말입니다. 상대적으로 엄마의 보살핌과 지도를 받지 못하는 워킹맘의 아이들은 공부를 잘하거나 운동을 잘하지 못하면 친구를 사귈 수가 없다고 합니다. 아이가 친구를 사귀는 데 엄마들이 만들어놓은 관계가 작용을 한다니 제게는 남의 나라 이야기만 같습니다. 아이들이 친구를 '사귀는 게' 아니라 '소개 받아야' 하는 걸까요?

어릴 때 동네 골목에서 친구들과 두루 어울리고 다른 사람들과도 소통하는 법을 즐겁게 배워나갔던 기억을 가진 저로서는 아기가 배워야 할 모든 것을 엄마가 일일이 조율하고 선별하는 방법에 거부감이 듭니다. 조금은 더디게라도 즐겁게 배울 수 있는 것을 굳이 인위적인 방법으로 앞당겨야 할까요?

이 시대의 억척엄마가 되진 말자고 생각하지만 그것 역시 말처럼 쉽진 않습니다. 혼자 초연한 듯 굴다가 마지막에는 안달복달하며 아이한테 고액 과외를 시켜 좋은 대학에 보내려고 아등바등하는 엄마가 되는 건 아닐까 하는 두려움이 와락 들기도 하니까요. 이렇게 걱정만 하다가 불량엄마도 아니고 억척엄마도 아닌, 갈대처럼 '왔다갔다하는' 엄마로 살게 되는 건 아닐까요? 제대로 뭘 하는 것도 없으면서, 혹은 아이를 혹독하게 트레이닝할 자신도 없으면서, '누구는 아이를 이렇게 키운다더라' 하는 이야기만 듣고 다니며 늘 기운만 빠지는 엄마 말입니다.

『좋은 엄마 학원』이라는 어린이책이 있습니다. 세상의 엄마들은 아이들에게 늘 잔소리를 합니다. "옆집 아이는 발레를 해서 키도 크고 날씬한 게 너무 예쁘더라." "옆집 엄마가 그러는데 「ㅇㅇ 수학」이 그렇게 좋단다. 성적이 쑥쑥 올라간대. 다음 주부터 「ㅇㅇ 수학」 하자." "옆집 누구는 나중에 커서 패션디자이너가 된다는데 너는 커서 뭐가 될래?" 이렇게 아이들한테 끝없이 뭔가를 배우고 향상시켜 보라고 하지요.

곰곰 생각해 봅시다. 아이들도 엄마한테 이런 잔소리를 하고 싶진 않을까요? "우리 엄마도 맛있는 걸 많이 만들어줬으면 좋겠어요." "청소도 잘하고 집도 예쁘게 꾸미면 좋겠어요. 엄마가 멋쟁이면 더 좋고, 잠들 때까지 옆에서 책도 읽어줘야 해요"라고 말이지요. 하지만 엄마들이 어디 아이들 말을 듣나요? 그래서 생겨난 게 '좋은 엄마 학원'입니다. 엄마가 아이 잘되라고 학원 열심히 보내봤자 아이가 공부를 잘하게 되는 건 아니듯, 엄마 역시 '좋은 엄마 학원'

에 다닌다고 좋은 엄마가 되는 것은 아니었습니다. 학원은 학원일 뿐, 공부는 온전히 자신의 몫인가봅니다.

제게는 방송반 활동을 하는 조카가 있습니다. 매년 방송반 친구들을 몰고 제가 근무하는 방송국에 놀러 옵니다. 일종의 현장체험인 셈이죠. 새침한 공주부터 털털한 개구쟁이들까지 모두가 제각각입니다. 아이들에게 "너희들 모두 학원에 다니니?" 하고 물었습니다. 아이들 대답이, 학원에 가지 않으면 친구를 만날 수 없어 어쩔 수 없이 학원에 다닌다고도 하고 심지어 공휴일에 밤늦게까지 하는 학원이 있다는 정보까지 알려주더군요. 그런데 조카 친구 중에 사진관 집 아이는 학원을 안 다닌다고 했습니다. 궁금하기도 하고 걱정도 되어서 "그럼 너는 뭘 하니?" 하고 물으니, 혼자 논다고 합니다. 학원에 안 다녀도 제 눈에는 사진관 집 아이가 제일 씩씩하고 명랑해 보이더군요. 학원에서 배우는 게 전부가 아니라는 걸, 그 아이의 씩씩한 얼굴을 보며 생각했습니다.

저 역시 억척엄마가 되건 그렇지 못한 불량엄마가 되건, 씩씩하고 명랑한 엄마이고 싶습니다. 그 씩씩한 기운을 우리 아이에게도 전해주고 싶고요.

☆ 『좋은 엄마 학원』, 김녹두 글 · 김용연 그림

P.S. I LOVE YOU

사모님 엄마와 대치동 엄마 얘기가 있습니다. 양쪽 모두 여유 있고
풍족한 삶을 누리고 있지만 그 생활방식은 딴판이라고 하죠?
사모님 엄마는 아이들이 학교에 가고 난 뒤에 잠에서 깨서,
살림 도와주는 아주머니가 차려준 아침을 먹고 클래식을 들으며
커피를 마시지만, 대치동 엄마는 일찌감치 일어나서 두뇌 발달에
좋은 호두죽을 끓이고 아이를 학교에 데려다준다고 합니다.
오가는 차 안에선 클래식 음악 대신 라디오 시사 프로그램을
들으며 아이들 논술 교육에 좋은 아이템을 새겨두고요.
사모님 엄마는 명품 구두를 사서 신지만, 대치동 엄마는
운동화 차림입니다. 그래야 언제든지 아이들이 필요한 곳에 갈 수 있고,
제시간에 학원에 데려다줄 수 있으니까요.
대치동 엄마로 대표되는 억척엄마의 열정과 성실함,
사실 그 앞에선 누구나 고개를 끄덕일 수밖에 없을 겁니다.
아이에 대한 놀라운 열정과 소망을 잠시 접어두고 한 번쯤
스스로에게 물어보면 어떨까요? 이게 우리 아이가 행복해지는 길일까?
그렇게 하면 좋은 대학에는 보낼 수 있겠지만
아이들의 빛나는 십대는 어디서 되찾을 수 있을까, 하고요.
행복한 아이의 엄마가 되고 싶습니다.

내일 또 놀자

밤 11시 30분. 이 시간쯤 되면 저도 비몽사몽입니다. 싱글로 지낼 때는 이 시간이면 느긋하게 책을 읽거나 영화를 보거나 음악을 듣거나 잠이 들었습니다. 결혼하고 나서도 별반 다르지 않았습니다. 신랑과 저는 라디오 듣는 걸 좋아해서 머리맡에 작은 라디오를 켜놓고 우리가 좋아하는 음악을 들으면서 이런저런 얘기를 나누고 뒹굴었습니다. 하루 중에 가장 평화로운 시간이었지요.

지금도 평화로운 시간인 것은 다르지 않습니다. 다만 유일하게 평화로운 시간이지요. 하루 스물네 시간 중에 온전한 제 시간은 밤 11시 30분부터 새벽 4시 30분까지 다섯 시간뿐입니다. 새벽 4시 반에 일어나면 먼저 아이에게 젖을 먹이고 회사에 나가 있는 동안 아기가 먹을 젖을 짜놓고 새벽밥을 먹습니다. 다행인 것은 제가 자다가 일어나도 수저만 잡으면 언제든지 잘 먹는다는 점입니다. 심지어 새벽 4시에 배가 고프기까지 하니까요. 모유 수유를 해서 그런지 돌아앉으면 허기지고 물도 얼마나 많이 마시는지요. 아직도 미역국을 먹는데, 젖이 잘 돌게 하는 그 효능은 놀랍기만 합니다.

    생후 두 달까지는 아기가 두 시간에 한 번씩 젖을 먹어서 거의 잠을 자지 못했습니다. 아기의 젖 빠는 힘도 약하고, 저 또한 젖 먹이는 게 숙달되지 않아서 이렇게 어떻게 살까 싶더군요. 게다가 막달에는 아기가 아빠 목소리를 알아듣는지, 신랑이 늦게 들어와서 뱃속 아기에게 말을 걸면 마구 발길질을 해댔습니다. 막달 엄마의 스케줄이 태어난 아기에게도 계속 이어진다기에 조심했는데도 우리 아기는 야행성입니다. 지금도 오전에 젖을 먹고 나면 낮 12시쯤이나 되어야 또랑또랑해집니다. 출산 휴가 중에는 저도 아기 잘 때 후다닥 청소하고 밥 먹고 다시 아기와 함께 평화로운 잠을 즐겼습니다. 지금이야 어디 그럴 수 있나요.

    저녁 9시가 되면 아기의 목욕 준비를 합니다. 아기는 목욕을 무척이나 좋아합니다. 한 번도 목욕하면서 울음소리를 낸 적이 없습니다. 울기는커녕 땀을 쫙 빼면서 사우나를 즐기는 어른들처럼 의젓합니다. 사우나를 좋아하는 아빠 탓이기도 하고 막달까지 수영을 한 엄마 덕분이기도 하겠지요. 수영을 할 때는 늘어난 몸무게가 느껴지지 않아 날아갈 것 같더군요. 아마 아기도 물속에서 자유로움을 느끼는 것 같았습니다. 어르신들은 물 좋아하는 아기를 보면 "이놈 이 담에 술 잘 마시겠구나" 하십니다.

이마에 땀방울이 송골송골 맺힌 채로 지그시 눈을 감고 있는 아기의 모습을 보면 마치 어른 같습니다. 얼마 전까지만 해도 고개를 가누지 못해서 목을 받쳐줘야 했는데, 이제는 양손으로 목욕통을 잡고 제법 잘 앉아 있습니다. 신랑도 아기 목욕시키는 걸 좋아합니다. 아기 일에는 몰라보게 적극적입니다. 요령을 터득하고 나서는 혼자서도 곧잘 목욕을 시킵니다.

목욕을 시켜놓고 우리는 아기를 이리저리 살펴봅니다. 피부가 울긋불긋해지지는 않았는지, 어디까지 몸을 뒤집을 수 있는지 매일매일 신체검사를 하는 셈이지요. 그러고는 젖을 먹이고 잠을 재웁니다. 처음에 아기는 젖을 빨다가 스르르 잠이 잘 들었습니다. 그런데 언제부터인지 아기가 잠들었다 생각하고 다른 일을 하려고 하면 돌아서자마자 "응애응애애앵" 하는 소리가 들립니다. 펴놓았던 책이며 컴퓨터며 일단 놓고 다시 출동이지요.

처음에는 침대를 살까도 생각했는데 옆에 뉘어놓고 저도 같이 누워 있어야 하니 침대가 있으면 오히려 불편할 것 같았습니다. 평일에는 엄마 시간에 맞춰 잘 자다가도 주말이 지나고 나면 패턴이 조금씩 바뀝니다. 아기도 주말을 아는지 하루 종일 붙어 있다보면 젖을 먹는 시간도 달라지고 잠이 드는 시간도 더 늦어집니다.

아기가 처음에는 순하고 쌕쌕 잘 자고 잠투정이라는 게 없었는데 요즘은 푹 잠들기까지 두 시간 반쯤 걸립니다. 육아서를 찾아보니 아기가 울더라도 안아주지 말 것, 아기에게 밤에는 투정 부려도 소용없다는 것을 인식시킬 것, 밤이란 길고 지루하다는 것을 알려줄 것 등등의 조언이 들어 있더군요. 하지만 눈앞에서 아기가 울고불고 하는데 조용히 잠들 수 있는 엄마가 얼마나 되겠습니까?

신랑은 아기가 울면 못 참고 바로 아이를 들쳐 업는 저를 말립니다. 그동안은 차마 그러지 못했는데 이제는 신랑의 말대로 아이가 그냥 울게 내버려둘까 합니다. 저는 아기가 평온하게 잠들지 못하는 것이 아이의 성격 형성에 나쁜 영향을 줄 거라 생각했는데, 신랑의 말은 아기를 혼자 내버려두라는 것이 아니라 옆에 같이 있어도 안아주지 말라는 뜻이었습니다.

아무리 어린 아이라도 눈치란 게 있어서 '이건 떼를 써도 안 되는 일이구나' 라고 아이가 단념하게 만드는 것이 더 중요하다는 거죠. 그런데 정말 그렇더군요. 아이를 눕혀놓으면 어느새 "앵앵" 울음

소리가 납니다. 안아 들라는 거죠. 그럴 때 보면 아기는 마치 제가 울음 연기를 해야 하는 탤런트인 양 눈가나 코가 빨개지지도 않은 채, 어떤 때는 눈물도 흘리지 않고 거짓 울음을 울어댑니다. 아기들도 어느 정도 떼를 쓰면 통한다는 걸 다 아는가봅니다.

이론상으로야 아기가 우는 것을 엄마가 두려워하면 안 된다는 걸 알지만, 그게 그리 쉬운 일은 아니더군요. 어른들이 아이들이 우는 걸 보고 "이놈 울음소리를 들어보니 나중에 노래 잘 부르겠구나" 하고 칭찬하듯 넘기는 것도 다 이런 지혜에서 비롯된 게 아닌가 싶습니다.

아기를 재우기 위해 한동안은 잠이 주제인 책을 읽어주었습니다. 유명한 그림책 작가인 마거릿 와이즈 브라운의 『잘 자요, 달님』은 전형적인 잠자리 그림책입니다. 그림책은 밤의 세계를 상징하는지 조금 어두운 색을 띱니다.

이제 밤입니다. 어린 토끼도 자야 할 시간입니다. 엄마와 노는 재미를 알아갈수록 잠들기 싫어하는 우리 래준이처럼 어린 토끼도 잠이 들기 싫은 모양입니다. 빨리 잠잘 생각은 안 하고 친구들에게 일일이 인사를 합니다.

먼저 "잘 자요, 초록방" 하고 인사를 합니다. 다음에는 "잘 자요, 달님", "잘 자요, 달을 뛰어넘는 암소" 하고 인사를 합니다. 그뿐

이 아닙니다. 토끼는 방 안의 모든 친구에게 "잘 자요" 하고 인사를 합니다. 그림책에서는 "잘 자요"라는 구절이 페이지마다 반복됩니다. "잘 자요"를 반복하다보면, 아이는 말똥말똥한데 책을 읽던 저는 수면제에 취한 듯 스르르 잠이 들어버릴 때도 있습니다. 지금도 "잘 자요, 초록방", "잘 자요, 달님" 하고 조그만 소리로 중얼거리니 잠가루를 뿌린 듯 졸음이 몰려옵니다.

래준이는 요즘 잠들기 전에 떼가 많이 늘었습니다. 잠들기 싫은지 뻗대기도 하고 울기도 합니다. 잠자기에는 세상이 너무 재밌고 신기해서 그런 것 같습니다. 래준이는 어렵사리 잠드는 것과는 정반대로 저는 스르르 잠이 듭니다. 래준이는 저의 수면 도우미입니다. 새벽부터 시작되는 일과가 고된 탓도 있겠지만, 아기에게 젖을 물리면 왜 그렇게 잠이 쏟아지는지요. 하루 동안의 일을 생각하고 저만의 조용한 시간을 갖는다는 것은 "잠시 동안 안녕"입니다.

아이 넷을 키운 오빠가 십 년 동안 푹 자본 적이 없다면서 아이 키우는 건 그만큼 힘든 일이니 단단히 각오하라고 했던 말이 어렴풋이 떠오릅니다. 밤에도 몇 번씩 깨다보면 잠을 자도 잔 것 같지 않고 피곤은 더해집니다. 그래도 아기가 잠들고 나면 빨리 내일 아침이 되어 아기의 얼굴을 보고 싶습니다. 그럴 때면 아이의 머리를 쓰다듬으며 혼자서 중얼거립니다.

"달님도 자고 고양이도 자고 시계도 자고 모두가 잠드는 시간이니 우리 래준이도 잠자야지. 내일 아침 우리 다시 만나자. 푹 자고 나면 오늘과는 또다른 새로운 하루가 시작되는 거야."

☆ 『잘 자요, 달님』, 마거릿 와이즈 브라운 글 · 클레먼트 허드 그림

P.S. I LOVE YOU

사람마다 평생 잘 수 있는 시간이 정해져 있다는 얘기를 들어보셨나요?
제 조카는 아기일 때 밤새도록 잠을 자지 않아서
시누이가 그렇게 고생을 했는데,
밤을 새서 공부해야 하는 지금은 신생아처럼 잠만 잔다고 하네요.
아가야, 지금 잠잘 수 있을 때 아낌없이 자두렴.

시간이 없어

아랫부분이 무거워서 아무렇게나 넘어뜨려도 오뚝오뚝 일어서는 장난감이 있습니다. 바로 오뚝이지요. 오뚝이에게는 오래된 좌우명이 있습니다. "실망하지 말고 다시 일어서서 새로 시작하는 거야." 바로 저의 좌우명이기도 합니다.

그런데 아이를 낳아 기르기 시작하면서부터 지난 삼십여 년간 언제나 쓰러졌다가도 다시 벌떡 일어났던 제 안의 오뚝이가 일어나지를 못하고 있습니다. 제 안의 오뚝이는 일어나고 싶은데 연거푸 날쌘 잽을 맞고 있는 느낌, 그게 바로 요즘의 제 기분입니다.

평일에는 지난 9년간 진행해 온 「FM대행진」 생방송을 하느라 아침 일찍부터 분주한 하루가 시작됩니다. 회사일이 끝나면 모유 수유를 위해 서둘러 집으로 돌아갑니다. 그렇게 종종거리며 일주일을 보내고 주말이 되면 두 주먹을 불끈 쥐며 다짐합니다. "그래, 다시 오뚝이처럼 일어나야지. 예전의 나로 돌아가는 거야."

다시 일주일을 시작하는 저는 「로미오와 줄리엣」에서 올리비아 핫세가 맡았던 줄리엣 같습니다. 물론 제 미모를 두고 말하는 게 아닙니다. 제가 중학생 때 봤던 그 영화를 보면 두 주인공이 침대에 누워 운우지정을 나누는 장면이 나옵니다. 아마도 사전 검열 때문이었겠지만 정작 중요한 장면은 모두 편집되어 마치 화면을 빨리 돌린 것처럼 누웠다가 바로 일어나는 상황으로 이어지는 그 장면이 저와 똑같다는 겁니다. 영화 편집자도 화가 났는지 성의 없이 싹둑 잘라다 붙여 덜커덩 하고 튀었던 장면이 인상적이었지요. 제가 요즘 그렇습니다. 눈을 뜨고 아침이구나 하고 정신을 차리면 다시 잠들 시간입니다.

한 선배가 그러더군요. "이십대는 남는 게 시간이지만 삼십대에는 약에 쓰려고 해도 없는 게 시간"이라고요……. 제가 왜 이렇게 "시간이 없지, 시간이 없지" 하며 『모모』 속에 등장하는 마을 사람들처럼 중얼거리게 된 걸까요.

미하엘 엔데의 꼬마 주인공 모모는 어느 한적한 마을의 원형극

장에 삽니다. 모모에게는 허풍 심한 이야기꾼, 이발소 주인, 거리 청소부, 동네 꼬마 등 친구들이 많습니다. 그들은 갈 곳 없는 모모를 보살펴줍니다. 물론 모모도 그들의 근심거리를 들어줍니다. 말을 잘 들어주는 모모에게 불평과 불만을 이야기하다보면 왠지 모르게 위안이 되곤 했으니까요.

사람들 누구나 그렇듯 모모의 친구들도 근심거리가 있겠지요. 모모의 친구인 푸지 씨의 불평 중 으뜸은 시간이 없다는 것입니다. 푸지 씨는 날마다 "일을 하다보면 도대체 제대로 된 인생을 누릴 시간이 없어. 제대로 된 인생을 살려면 시간이 있어야 하거든" 하고 한탄을 합니다. 푸지 씨의 불평이 가게 안에 가득 찼을 즈음 마을에 작은 시가를 입에 문 회색 신사들이 나타납니다. 회색 신사들은 푸지 씨뿐만 아니라 마을 사람들에게 시간을 저축하라고 권합니다. 말인즉슨 맞는 말입니다. 쓸모없는 일에 시간을 허비하지 말고 저축하라니 솔깃하지 않습니까.

회색 신사는 친절하게도 푸지 씨의 가게에 들러 그동안 낭비한 시간도 계산해 줍니다. 그 계산에 따르면 지금까지 푸지 씨는 어머니와 이야기하느라 1시간, 집안일을 하는 데 1시간, 다리가 불편한 다리아 양에게 꽃을 갖다 주는 데 30분, 여기에 친구들을 만나고 책을 읽고 영화를 보는 시간까지 합하여 무려 1,324,512,000초를 낭비하며 살았다고 합니다. 맙소사, 푸지 씨가 시간이 없다고 불평할 만합니다.

푸지 씨는 시간을 저축하기로 합니다. 이발소 주인 역시 더 이상 늙은 어머니를 위해 휠체어를 몰지 않고 시간을 저축하기로 했습니다. 빵을 구워내는 시간을 절약하기 위해 빵집은 패스트푸드점으로 바뀌었습니다. 그리고 이제 마을 사람들은 할 일 없이 모모에게 가서 이런저런 이야기를 나누거나 고민을 털어놓을 시간마저 모두 저축하기로 했습니다. 쓸데없는 시간을 줄이자 시간을 저축할 수 있었습니다. 손님과 이야기를 하지 않고 무뚝뚝하게 손님의 시중을 들며 불필요한 시간을 아끼자 삼십 분이 걸리던 일이 이십 분 만에 끝납니다. 무려 십 분이나 절약할 수 있었던 겁니다.

저는 집에만 가면 시간이 없습니다. 아니, 시간이 사라져버린다는 표현이 맞습니다. 예전에도 방송일이 바쁘다보면 시간이 없기는 마찬가지였습니다. 그래도 일은 언제 시작해서 언제쯤 끝난다는 것을 예측할 수 있으니 계획을 세우고 스케줄을 만들 수 있습니다. 하지만 아기 돌보기에는 어떠한 타협이나 조정의 여지가 없습니다. 아기에게는 "엄마가 할 일이 있으니 오늘은 잼잼까지만 하는 거야"라고 할 일을 통보할 수가 없으니까요. 놀아주고, 젖 먹이고, 목욕시키고, 재우고 등등 끝이 없습니다. 모든 일의 우선은 아이이고, 아이를 위해 시간을 쓰지 않을 도리가 없습니다.

분명히 제게는 시간이 있었고 그 시간을 아이를 위해 썼지만, 하루가 지나 잠을 자려고 누우면 '오늘도 아무 일도 못 했네' 하는 생각이 들어 씁쓸해집니다. 더 솔직히 말하자면 '나를 위해 쓴 시간이 한 시간도 없다'는 말이지요. 정말 요즘 같아서는 저를 위해 하루에 한 시간만 쓸 수 있다면 세상에 못 할 일이 없겠다는 생각이 듭니다. 이런 마음으로 열심히 공부한다면 박사 논문도 쓸 수 있을 것만 같습니다. 하지만 정작 현실 속의 저는 대학원 논문도 써야 하고 토익 시험도 준비해야 하는데 이 모든 걸 시간이 없어 할 수가 없습니다.

김진표는 「시간을 찾아서」에서 무심한 시간을 두고 이렇게 래핑을 하더군요.

이리로 가다 / 때로는 저리로 가다 / 계속해 뛰다보면 /

어느샌가 시간은 흘러 /

이렇게 나 미쳐가나 / 지나가는 시간을 잡고 /

한 번은 말을 걸고 / 싶은 건데 /

날 위해 한 번만 / 멈추어주었으면 / 좋겠는데

그렇습니다. 시간은 도대체 어디에 살고 있는 걸까요. 왜 나 몰래 매일같이 어디로 달려가는 걸까요. 저도 회색 신사들에게 제 시간을 저축이라도 하지 않고서는 시간을 붙잡을 수 없는 걸까요.

집 앞에 작고 허름한 술집이 있습니다. 신랑은 퇴근길에 종종 전화를 걸어와 "집 앞에서 보자"고 했습니다. 그러면 냉큼 달려나갔지요. 아이를 낳고 나서도 신랑은 종종 집 앞이라며 나오라고 전화를 합니다. 예전처럼 거울 한번 스윽 보고 나갈 수 있다면 얼마나 좋을까요. 이제는 나가기 전에 해야 할 일이 너무나 많아서 오늘 밤 안으로 나갈 수 있을까 싶습니다. 신랑에게 "아기 목욕 시키고 젖 먹이고 재우고 나갈게"라고 대답합니다. 신랑은 집 앞 술집에서 하염없이 저를 기다립니다.

영국의 육아잡지 「마더 & 베이비」에서 아이를 낳은 지 일 년 미만인 엄마 2천 명을 대상으로 설문조사를 했습니다. 65퍼센트 이상의 초보 엄마가 친구와 가족 그리고 직장 동료로부터 고립되었다고 느끼고, 열 명 중 아홉 명은 출산 이전에 즐겼던 교제 생활을 잃었다며 크게 아쉬워한다고 답했습니다. 열 명 중 세 명은 혼자서 가게에 가고, 열 명 중 여덟 명은 공원에도 혼자 간답니다. 열 명 중 일곱 명은 신랑의 사회생활이 전혀 변함없다는 사실에 짜증이 난다고 하고, 아이의 양육을 혼자서 해야 한다는 고립감이 부부 갈등의 주요 원인이 되고 있다고 합니다.

영국 엄마들도, 특히 생후 일 년 미만의 어린 아기를 둔 엄마들은 아기를 돌보는 데 시간과 노력을 전적으로 쏟아 붓는 것은 마찬가지인가봅니다. 결론은 아기가 태어나면 엄마가 행복할 것이라고 생각하지만 아이가 첫돌을 맞기까지의 일 년이 엄마로서는 '인생에서 가장 외로운 시간'이라는 겁니다.

시간이 없다는 저의 강박관념은 모모가 회색 신사들로부터 마을 사람들의 시간을 되찾아주듯 해결될 수 없는 일임을 알고 있습니다. 전적으로 엄마의 보살핌이 필요한 아기에게 시간과 노력을 투자해야 하는 엄마로서 느끼는 고립감과, 과거같이 시간을 효율적으로 쓸 수 없다는 자괴감, 결과적으로 성취감을 얻을 수 없다는 생각이 저를 괴롭히고 있음을 알고 있습니다. 뾰족한 해결책도 없습니다.

다만 모모의 친구들이 시간을 아끼려고 절약할수록 시간은 더욱더 부족해지고 삶은 점점 궁핍해졌다는 사실을 다시 한 번 되뇌어봅니다. 기쁨과 사랑이 없이 현재의 시간을 쓴다면 황제라 할지라도 노예의 시간을 사는 것과 다를 바가 없을 테니까요.

☆ 『모모』, 미하엘 엔데 글

P.S. I LOVE YOU

첫아이보다 둘째 아이를 키울 때 엄마는
훨씬 더 여유롭고 너그러워진다고들 하더군요.
첫아이는 뭐든지 처음이기 때문에 힘들기도 하지만
무엇보다 엄마 자신의 생활이 없어진다는 점이 당황스러웠습니다.
모드 전환에는 상당한 시간이 필요했습니다.
지금도 물론 시간에 쫓기며 살고는 있지만 이런 식으로
인생을 낭비(?)하는 것도 참 기분 좋은 일입니다.

세번째 페이지
싱글 추억

괜찮아, 괜찮아

언젠가 싱가포르에서 뱀쇼를 구경한 적이 있습니다. 그야말로 뱀쇼였습니다. 그런데 쇼를 보여주던 사람이 커다랗고 무겁고 차가워 보이는 뱀을 만져볼 지원자를 찾더군요. 평소 같으면 기겁을 했을 텐데, 그때 퍼뜩 이런 생각이 들었습니다. '이런 기회는 내 인생에서 마지막일지도 몰라. 한번 해보고 싶어.'

저를 알아보는 사람들의 시선이 없다고 생각하니 왠지 마음이 편했던 걸까요. 정신을 차리고 보니 제가 손을 번쩍 들고 있었습니다. 구렁이를 제 목에 감고 만지고 했는데, 쇼가 끝나고 같이 구경했던 외국인들이 나가면서 제게 손을 흔들어주더군요.

처음 겁내던 것과는 달리 막상 해보니 재미있었습니다. 문제는 뱀이 아니라 제 자신이었지요. 이번이 마지막일지도 모른다고 생각하면 까짓 거 못 할 것도 없다는 생각. 이리저리 재거나 따져보기도 전에 팔이 번쩍 들리는 조건반사. 사실 인생을 만끽하고 앞으로 나아가려면 그런 무모함이 있어야 하는 것 아닐까요.

초등학교 1학년 때 미국 유학을 앞두고 있던 이모가 잠시 우리 집에 머물렀던 적이 있습니다. 제가 학교에 다녀오면 이모는 물었습니다. "정민아, 오늘은 학교에서 몇 번이나 질문했니?" 나중에 알고 보니 이모는 『탈무드』에 나온 대로 제게 선진적인 교육법을 적용시켜 보려고 부러 질문을 한 듯합니다.

당시 저는 무척 과묵한 아이였습니다. 교실에서 별로 발표를 한 기억이 없을 정도입니다. 앞에서 말했던 팔을 번쩍 드는 무모함이 무척이나 결여된 시절이었지요. 제가 이런 이야기를 하면 주변 사람들은 지금의 너를 보면 도저히 상상할 수 없는 일이라고 말합니다. 아니, 그럼 지금의 황정민 아나운서는 하늘에서 떨어졌을까요.

오늘날의 제가 있을 수 있는 건, 굳이 이유를 찾자면 피구 덕분입니다. 제가 초등학교 다닐 때, 피구는 그야말로 인기 종목이었습니다. 날마다 피구를 했죠. 저는 날아오는 공을 척척 다 받아내는 피구의 여왕이었습니다. 교실에 있는지 없는지 모르게 조용히 왔다갔다만 하던 제가 오로지 피구를 잘한다는 이유만으로 인기투표에서 맙소사! 1등을 했답니다. 그리고 반장이 되었지요. 돌이켜 생각하면 어리바리하고 부끄럼 많은 제 인생의 터닝포인트였습니다(초보 엄마 주제에 감히 말씀드리자면, 내성적인 아이에게는 아이가 좋아하고 잘하는 운동을 꼭 하나 만들어주어 즐기게 해주세요).

하지만 세상에 어떤 일이 어느 날 갑자기 잘되겠습니까. 발표도 잘 못하는 소심한 제가 덜커덕 반장이 되긴 했지만 그렇다고 다른 걸 특출하게 잘하거나 주목받는 일은 드물었지요. 그저 반장이니까 어쩔 수 없이 학급회의도 이끌고, 반장이니까 교실에 일이 생기면 교단에 서서 지시 사항을 전달하기도 할 뿐이었습니다.

태교 삼아 남편이 읽어준 『틀려도 괜찮아』를 보면 마치 어린 저를 보는 듯합니다. 책 속의 주인공은 말합니다. "언제나 맞는 답을 말해야 한다고 생각하니까 틀리는 게 무섭고 두려워져. 손도 못 든 채 작게 움츠러들고 입은 꾹 다문 채 시간만 흘러가." 주인공 아이의 고백은 저의 고백이기도 합니다. 1년 365일 매일 아침 어김없이 진행하는 「FM대행진」이 8주년을 맞았을 때 기념 콘서트를 연 적이 있는데, 제가 진행하는 걸 본 친한 선배가 그러더군요. "왜 그렇게 어쩔 줄을 몰라해."

이왕 시작한 김에 고백하자면, 사실 저는 많은 사람들 앞에서 말을 할 때마다 '나는 왜 이렇게 말을 못할까' 하는 생각에 시달린답니다. 모임에서 돌아가면서 간단한 인사말을 할 경우 제 차례가 돌아올 때까지 '무슨 말을 할까' 생각하느라 다른 사람의 말은 귀에 들리지도 않습니다. 대학원 수업을 받으면서도 애를 먹었습니다. 제가 대학에 다닐 때만 해도 발표를 한다거나 토론하는 수업은 없었습니다. 대학을 졸업하고 한참 세월이 흘러 뒤늦게 대학원에 가서 가장 놀란 점이 바로 프레젠테이션입니다. 대학원생들이 너무도 청산유수로 말을 잘하고, 누구나 그럴듯하게 프레젠테이션을 하더군요. 첫 수업에서 완전히 주눅이 들고 말았습니다. 대학원에 다녀야 할까 말아야 할까 걱정이 될 정도였죠.

대학원 수업이라는 게 보통 열 명 미만이 함께 공부를 하는데, 열 명의 학생들이 한 사람씩 이야기를 할 때마다 '저 부분은 나도 아는 건데 내가 이야기했어야 하는데, 어쩌지 어쩌지' 하며 계속 눈치만 보고 있다가 말할 기회를 놓쳐버리기 일쑤였습니다.

다른 학생들이 모두 재빠르게 자기가 하고 싶은 말들을 쏟아내고 나면, 그때까지 멀뚱하게 앉아 있던 저를 쳐다보며 교수님이 말씀하십니다. "지금까지 말 안 한 정민 씨가 마지막으로 이야기를 해보지." 순간 가슴은 터져버릴 것처럼 빵빵해지고 머릿속은 하얘집니다. 내가 지금 뭐라고 말을 하긴 하는데 무슨 이야기를 하고 있는

지도 모르는 시간이 찾아옵니다. 아나운서는 어떻게 말하는지 귀를 쫑긋 세우고들 들을 텐데 이런 말도 안 되는 이야기를 해도 되나 싶어질 뿐입니다. 호흡 곤란으로 숨소리가 거칠어지고 불규칙한 심장 박동 소리가 남들에게 들릴 정도로 커집니다. 발표 시간마다 동공이 확대되고 세상이 노랗게 변하는 이상한 세계가 이어지더군요.

『틀려도 괜찮아』에는 꼭 저와 같은 아이가 꼭 저와 같은 증상을 보이고, 꼭 저처럼 후회를 합니다.

"가슴은 쿵쾅쿵쾅 얼굴은 화끈화끈 일어선 순간 다 잊어버렸어. 뭐라고 말하긴 했는데 뭐라고 말했는지 나도 몰라. 슬그머니 앉아버렸지. 온몸에 힘이 쭉 빠지고 다리는 후들후들. 이렇게 말하면 좋았을걸, 저렇게 말하면 좋았을걸. 나중에야 좋은 생각이 떠올라."

그렇게 소심해서 방송일을 어떻게 하나 생각하시겠지만, 방송이란 미리 철저하게 준비를 하고 모든 것이 완료된 상황에서 시작합니다. 이미 완성된 모습을 보여주는 거라고나 할까요. 그러니까 제 문제는 발표를 못하는 게 아니라 완벽주의를 지향하는 것일 수도 있겠지요.

처음 아나운서가 되고 나서는 이런 완벽주의가 더 심했습니다. 스스로 정돈된 모습을 보여야만 한다는 강박관념이 있었지요. 그러다보니 새로운 걸 배운다는 게 더 힘들어지더군요. 무엇이든 배우고

시도하려면 초보 단계가 필요한 법인데 스스로 잘하지 못하는 상태에 처해 있는 걸 참기가 힘들었습니다. 그저 무엇이든 잘하고 싶었고, 그래서 제가 잘할 줄 아는 것만 하고 싶어집니다.

예전에 스케이트를 타러 갔다가 그곳에 놀러 온 꼬마들을 본 적이 있습니다. 꼬마들이 얼마나 스케이트를 못 타던지요. 해도 너무한다 싶을 정도로 넘어지고 엉덩방아를 찧어대는 겁니다. 지켜보고 있으려니 저렇게 많이 넘어졌는데 머리가 깨지지는 않았는지 걱정이 될 정도였습니다. 그런데도 아이들은 하하 호호 웃으며, 무척 즐거워했습니다. 스케이트를 배우는 재미에 엉덩방아쯤은 문제 될 게 아니었고, 더군다나 그걸 옆에서 바라보는 사람들의 시선 따위는 아무 상관 없었던 거지요.

"정민아, 바보야, 스케이트를 배우면서 어떻게 안 넘어질 수 있니. 뭔가를 배울 때도 같은 거야. 넘어지기 싫어서 배우는 즐거움을 놓치는 건 정말 바보 같은 일이야." 잘못하는 모습을 절대 보여주지 않으려던 제 강박이 눈에 보이는 순간이었죠.

『틀려도 괜찮아』의 선생님은 아이들에게 해법을 말해 줍니다. "자꾸자꾸 얘기하다 보면 두근거림도 줄어들고 말하고 싶은 것을 말할 수 있게 되는 거야. 처음부터 멋진 말이 나올 수 있는 건 아니야. 처음부터 맞는 답을 말할 수 있는 건 아니야."

맞습니다. 그 쉬운 걸 모르고, 처음부터 맞는 답만 꺼내려고 하니 자꾸만 움츠러들고 주춤거리게 됩니다.

첫머리에 뱀 얘기를 꺼냈는데, 우리나라 속담에 '구멍에 든 뱀 길이는 모른다'는 말이 있더군요. 구멍 속에 들어 있는 뱀은 그 길이를 짐작할 수 없듯이, 자기만의 구멍을 파고 들어가서 웅크리고 있다가는 아무도 자신을 알아볼 수 없을 겁니다. 일단은 구멍을 빠져나오는 일, 그게 첫걸음이죠.

☆ 『틀려도 괜찮아』, 마키타 신지 글 · 하세가와 토모코 그림

P.S. I LOVE YOU

깔끔하게 방송을 진행하고 싶은데 실수 연발입니다.
실수하는 데 신경을 쓰다보면 자꾸 실수를 하게 돼서
한마디도 할 수가 없습니다.
너무 미안하면 미안하다고도 할 수 없는 것처럼 말이지요.
제가 「FM대행진」을 하면서 깨달은 것은 실수를 잊어버리는 일입니다.
지나간 일은 잊고 앞으로 고고 싱!

미녀군단의 팀워크

대학 시절 시험 때가 되면 함께하던 친구들이 있었습니다. 시험이 다가오면, 일단 누군가의 집에 모두 모입니다. 그런 다음 준비해 온 편한 복장으로 갈아입습니다. 공부하면서 먹을 만두며 떡볶이, 맛탕, 초콜릿 등등을 잔뜩 사다가 한쪽에 쌓아둡니다. 시험공부를 위한 준비가 하나하나 완료됩니다. 그리고 드디어 공부가 시작되는 거죠.

시간이 없으니 시험 범위를 나누어 각자 맡은 범위를 책임지자고 합니다. 그렇게 나눠서 정리한 다음 서로 돌려 보면 된다는 계획이죠. 그런데 공부를 하다보면 어디 그렇게 착착 계획대로 맞아떨어지나요. 책을 읽다보면 친구의 남자친구가 속 썩이는 얘기가 궁금해지고, 노트 정리를 하다보면 컵라면이나 하나 더 끓여 먹자고 들썩대고, 이번 시험만 끝나면 다 같이 여행을 가자며 도원결의를 하기도 합니다. 그런 끝에 시험을 보고 나오면 우리들은 모여서 꼭 이런 말을 하곤 했죠. "아~ 내가 정리한 것만 다 외웠어도!"

앤드루 클레먼츠의 『잘난 척쟁이 경시 대회』의 주인공은 이런 팀워크의 재미를 놓칠 뻔한 소년의 이야기입니다. 주인공 제이크는 컴퓨터를 잘하는 똑똑한 남자아이입니다. 그렇다고 몇몇 친구들처럼 잘난 척을 하지는 않습니다. 제이크에겐 1등을 하는 아이들에 대한 알 수 없는 거부감이 있었습니다. 그런데 최신형 컴퓨터를 상품으로 내건 과학경시대회 개최 소식에 제이크는 마음이 흔들립니다. 케빈과 마샤를 따돌려야만 하고, 컴퓨터를 혼자서 독차지하기 위해서는 평소 친하게 지내는 친구 윌리마저 따돌리고 혼자 연구하고 혼자 1등을 해야 하기 때문입니다. 그래서 윌리의 콤비 플레이도 거절하고 자신만의 연구에 몰두하죠. 제이크는 과연 1등을 차지할 수 있을까요.

공부해서 남 주냐는 얘기들을 흔히 합니다. 뒤늦게 대학원 공부를 하면서 제가 깨달은 것은, 남에게도 주는 공부를 해야 하는 순간이 훨씬 많다는 겁니다. 대학원에서는 공동 스터디를 해야 하는 수

업이 많더군요. 서로 각자 역할 분담을 하게 되고 그 결과는 서로 나누게 됩니다. 이건 도덕적인 의무감 때문이 아니라, 그게 가장 효율적인 방법이기 때문이죠. 남 주는 공부를 해야만 다 같이 앞으로 나아갈 수 있게 되는 겁니다. 누군가 그걸 거부하거나, 자기가 맡은 몫을 해내지 못하면, 그것은 함께하는 사람들에게 재앙이 됩니다. 내가 낸 구멍을 다른 누군가가 메워줘야만 하니 말이지요.

처음부터 그런 상황을 알고 시작한 건 아니었지만, 저는 매 학기 첫 수업시간마다 이렇게 인사를 했습니다. "저를 라이벌로 생각하지 마시고, 나이 든 언니 하나 업고 가는 거라고 생각하고 많이 도와주세요." 공부도 늦었고, 일과 가족과 공부를 병행해야 하는 입장이다보니 어쩔 수 없어서라도 손을 내민 건데, 대학원 동료들은 저를 많이 도와줬습니다. 적수가 안 돼 보이기도 했겠죠.

출산일이 얼마 남지 않은 상태에서 대학원 마지막 학기의 강행군을 하던 때에는 코앞에 시험을 두고 배까지 아파오더군요. 아무래도 공동 스터디를 제대로 할 자신이 없었습니다. 그래서 공동 스터디에서 빠지고 어떻게 되겠지 하는 심정으로 혼자 '찍어서' 시험을 보기로 마음을 먹었습니다. 그럼에도 불구하고 아무 도움도 주지 못하는 저를 친구들이 공동 스터디 일원으로 인정해 주고 자료를 보내주더군요(고마워, 애들아!).

누군가와 뭔가를 함께 해야 하는 것이 쉬운 일만은 아닙니다. 나는 열심히 죽어라고 달렸는데 알고 보니 다른 사람들과 다른 방향으로 달렸다거나 내 발목을 붙잡는 팀원도 생기기 때문이죠. 그래서 히딩크는 늘 '대화를 많이 하는 플레이'를 하라고 했다죠. 끊임없이 대화를 나누고 눈빛을 나눠서 1 더하기 1을 3으로 만들고, 5로도 만들어주는 게 바로 팀워크지요.

방송국에 처음 입사했을 때 가장 힘들었던 것도 다름아닌 나 혼자 열심히 한다고 결과가 잘 나오는 게 아니라는 사실이었습니다. 처음에는 방송을 진행하면서 혼자 잘해서 인정받을 수 있는 일이라면 차라리 편하고 좋겠다는 생각을 여러 번 했습니다. 사실 방송 이전에는 공동의 일을 해본 기억이 거의 없습니다(친구들끼리 어울려서 했던 시험공부를 공동 작업이라고 하기엔 좀 부끄럽네요). 그런데 방송은 달랐습니다. 제가 한마디를 하면 카메라 감독님이 저를 찍어야 하고 그러려면 피디가 사인을 보내야 하는데, 이런 식으로 삼박자가 맞지 않으면 저는 편집되는 것이지요.

사람들은 텔레비전을 보면서 말합니다. "저 사람은 왜 한마디도 안 해?"라고요. 어떤 사람이 한마디 말도 하지 않는 일은 결코 없습니다. 시청자나 청취자가 보기에는 출연자가 말을 하지만, 보이지 않는 이들과의 소위 삼박자가 맞지 않으면 편집되는 겁니다. 또 의미가 있거나 재미있어야 하는데 그렇지 못하면 편집되고요.

　　반대로 생각하면 프로그램이 잘 되었을 때 제가 잘해서가 아니라 같이한 분들이 잘했기에 제가 빛나 보이는 것임을 이제는 압니다. 왜 저와 이름이 같은 배우 있지요. 황정민 씨라고. 황정민 씨가 청룡영화제 시상식에서 이런 말을 했었죠. "사람들에게 일개 배우 나부랭이라고 나를 소개합니다. 육십여 명의 스태프들이 차려놓은 밥상에서 나는 그저 맛있게 먹기만 하면 되기 때문입니다. 나만 스포트라이트를 받아 죄송합니다. 트로피의 여자 발가락 몇 개만 떼어가도 좋을 것 같습니다."

　　정말 그렇습니다. 이제는 같이하는 사람들이 고마운 걸 알겠습니다. 사실 프로그램에서는 제가 앞에 서 있다 뿐이지, 우리 모두는 자기 인생의 주인공이잖아요.

　　지금 진행하고 있는 「FM대행진」은 벌써 10년째 방송을 하고 있습니다. 라디오를 진행하게 되면 스텝들과 아침을 같이 먹게 됩니다. 가족이 따로 없지요. 가족 같은 느낌이 들어야 합니다. 그렇지 않으면 함께 방송하기가 힘듭니다. 스텝들과 호흡이 맞기 시작하면 일이 무척 즐거워집니다. 그동안 여러 명의 작가와 프로듀서가 「FM대행진」을 책임졌는데, 정유라 PD, 염진영 작가, 김현정 작가하고는 굳이 청취율 조사 결과를 보지 않아도 잘 되겠구나 하는 생각이 들

정도로 죽이 척척 맞습니다(실제로도 청취율 조사에서 동시간대 1위를 했답니다).

우리가 아마 다른 곳에서 만났다면 친구가 되지 못했을 겁니다. 모두 제각각 다르고 개성도 강합니다. 염진영 작가를 저는 천재 작가라고 부릅니다. 「FM대행진」의 인기 코너, 오들희와 나잘난이 나오는 '사랑스러운 그녀'는 작가답지 않은 작가 염작가만이 쓸 수 있는 이야기랍니다. 지금껏 만난 작가 가운데 가장 화려하고 동시에 남성적이며, 하여튼 독특합니다. 단순하면서도 자기가 원하는 바를 정확히 짚어내고 나머지 부분은 포기할 줄도 알지요. 저를 보면서 꽤나 갑갑할 겁니다.

얼마 전 결혼한 정유라 PD는 꼼꼼한 완벽주의자입니다. 원고가 제게 넘어오기 전까지 수정하고 또 수정해서 제 스타일을 만들어 줍니다. 그녀가 있기에 안심하고 방송을 할 수 있습니다. 그리고 김현정 작가는 우리에게 젊은 피를 수혈해 주는 존재입니다. 저와 정유라 PD, 염진영 작가는 모두 결혼을 했고 아기를 낳았지만, 아직 창창한 싱글인 김현정 작가는 아줌마들의 수다를 잘도 참아냅니다.

주말이 지나 우리가 아이 얘기, 남편 얘기에 열을 올리면 김현정 작가는 말합니다. "언니, 저는 주말에 연극 봤어요." 반찬 냄새 풀풀 풍기는 생활도 있지만, 연극을 보러 다니는 삶도 존재한다는 걸 퍼뜩 깨닫게 해주는 그녀입니다. 가끔 이런 생각을 합니다. 우리가 방송이 아니라 다른 자리에서 만났다면 어땠을까 하고요. 아마 서로들 속으로 꽤나 흉을 봤을 겁니다. '뭐 저런 계집애가 다 있어' 하고요.

    서로 다르기에 서로에게 부족한 감각을 주고받으며 불만 없이 즐겁고 만족스럽게 프로그램을 만들어가고 있습니다. 다른 생각을 지닌 사람들이 모였을 때 발휘되는 힘이란 대단하구나 하는 생각이 절로 듭니다(아마도 우리가 파워풀한 건 '미녀군단'이기 때문이 아닐까 하는 생각도 들지만 말입니다).

    최고상이 욕심 나 잠시 친구를 경쟁상대로만 여기고 따돌렸던 제이크에게 말해 주고 싶습니다. 미녀군단 누나들이 해봐서 아는데 말이지 공동 과제를 수행해 가는 과정도 충분히 즐거울 수 있단다! 하고 말이지요.

☆ 『잘난 척쟁이 경시 대회』, 앤드루 클레먼츠 글 · 강봉승 그림

P.S. I LOVE YOU

대학시절 함께 뒹굴면서 밤을 지새우던 친구 혜원이, 소정이,
현정이와 저, 이렇게 사총사는 지금도 함께 시험공부 하던 때를
떠올리면서 그때 그걸 다 외웠더라면 하면서 안타까워한답니다.
그래도 우리 이렇게 멋지게 자랐답니다. 오 예! 멋쟁이들.

반갑다, 친구야

키티. 그녀는 달콤한 아이 특유의 향내를 가진 귀여운 계집아이였습니다. 이름에 걸맞게 사랑스러운 아이였지요. 특히 짙은 스칸디나비안 블루 빛의 눈동자는 누구라도 빠져들게 만드는 매력이 있었습니다. 넘치는 에너지를 어쩌지 못하는 그맘때의 아이들은 위험한 놀이에 쉽게 매료되게 마련인가봅니다.

스티븐 킹의 단편집 『나이트 쉬프트』에 실린 「사다리의 마지막 단」에 등장하는 두 아이는 사다리에서 뛰어내리기 놀이를 즐겼습니다. 헛간에는 3층 들보로 오르는 오래되고 낡은 사다리가 하나 있습니다. 높이는 21미터. 그 쓰러질 듯한 사다리의 마흔세 계단을 오르고 나면 들보에 이릅니다. 들보를 따라 열두 걸음 정도 가면 바로 건초 더미 위로 이어집니다. 입술이 바짝 타들어갈 만큼 아찔한 높이지만, 그곳에서 건초 더미로 떨어질 때의 그 짜릿함이란. 마치 죽음의 세계를 거쳐 부활하는 느낌까지 들 정도입니다. 흔들흔들. 사다리는 불안해 보이지만, 늘 이번까지는 별일 없을 거라는 근거 없는 믿음 또한 존재합니다. 가능성은 현실이 됩니다. 삐걱삐걱. 느낌이 좋지 않습니다. 위험하다 싶었을 때 이미 키티는 사다리의 꼭대기를 향해 한 발 한 발 다가가고 있었습니다. 썩은 나무 부서지는 소리와 함께 사다리는 부서지고 맙니다.

"오빠, 오빠!"

키티는 온 힘을 다해 썩은 사다리의 마지막 단을 붙잡고 버둥거립니다. 그대로 떨어지면 목뼈가 부러질 수 있는 상황에서 키티의 오빠는 죽을 힘을 다해 건초 더미를 옮기기 시작합니다. 어떻게든 동생이 입을 충격을 줄여야겠다는 생각뿐입니다. "쿵!" 불행 중 다행으로 키티의 다리가 부러지는 정도로 사고는 마무리됩니다. 무섭지 않았느냐고 울먹이며 묻는 오빠에게 여동생은 태연하게 대답합니다.

"난 오빠가 날 지켜줄 줄 알았어."

남매는 어른이 되었습니다. 오빠는 세상에서 제일 바쁜 변호사가 되었고 동생은 미인대회에 나가 입상한 뒤 법률가와 결혼해 머나먼 곳에서 새로운 생활을 시작합니다. 눈코 뜰 새 없는 오빠에게 도착한 키티의 편지에는 이혼했노라는 소식과 그동안 얼마나 불행했는지 자세히 적혀 있었습니다. 키티의 편지는 오빠에게 와줄 수 있느냐고 묻고 있지만 그는 갈 수 없었습니다. 동생의 불행은 계속되었습니다. 재혼한 여동생은 훨씬 더 비참한 편지를 보내오며 거듭 묻습니다.

"와줄 수 있어, 오빠?"

오빠는 여전히 갈 수 있는 형편이 아니었습니다. 이번에도 키티는 뛰어내렸습니다. 옛날처럼 사다리가 아니라, 보험회사 건물 꼭대기에서였습니다. 오빠를 기다리다 지친 모양입니다.

정민이. 그녀도 저를 기다리고 있었습니다. 하지만 저는 처음 시작한 대학 생활과 새로 사귀게 된 친구들에게 푹 빠져 그 친구를 잊어버렸습니다. 아주 가끔 생각이 나면 전화나 할 뿐이었지요.

우리는 중학교 때 단짝 친구였습니다. 여학교에서는 흔한 단짝 친구. 그때를 생각하면 지금도 절로 미소 짓게 됩니다. 우리는 이름이 같았습니다. 누군가 뒤에서 "정민아" 하고 부르면 나란히 뒤를 돌아보았지요. 그러고는 되묻곤 했습니다. "누구?" 웃으면 쏙 들어가는 보조개부터 짧게 자른 머리까지, 저는 처음부터 정민이가 좋았습니다. 둘이 재잘거리느라 추운 겨울 운동장을 얼마나 걷고 또 걸었는지 모릅니다. 뭐 그리 할 말이 많았는지. 종이 울리면 뛰어 나가서 내내 걸어 다녔습니다. 우리는 성격이 잘 맞았습니다. 이것저것 삐지기 잘하는 다른 여자친구들과 달리, 시원시원하면서도 사려 깊은 그 아이가 좋았습니다. 우정의 맹세를 하거나 반지를 나눠 끼지는 않았지만 우린 한 번도 싸우지도 않았습니다.

어느 날 우리에게도 첫번째 시련이 다가왔습니다. 고등학교를 서로 다른 곳으로 배정받게 된 것이지요. 정민이가 없는 학교는 적막하기 이를 데 없었습니다. 중학교와 다른 분위기의 고등학교에 적응기도 힘들었기에 저는 처음 한 달 동안은 내내 눈물바람이었습니다. 전화만이 그리움을 달래주는 끈이었지요. 고등학교에 입학한 지 한 달 뒤, 우리는 다시 만났습니다. 그날도 손을 잡고 거리를 쏘다녔습니다. 대학 입시를 치르고 난 뒤 처음 만난 친구도 정민이었습니다. 시험장에서 돌아오자마자 책가방만 던져놓고 만났습니다. 그녀의 오빠가 레스토랑에서 사주는 근사한 저녁을 먹고 나서 만화책을 스무 권이나 빌려다가 밤새워가며 읽었습니다. 발표가 나기 전까지 우리는 신나게 놀러 다녔습니다.

사람의 운명이란 참 얄궂기도 하지요. 저는 대학에 붙고 그녀는 떨어졌습니다. 그날부터 그녀는 재수 학원으로, 저는 대학으로, 서로 다른 길을 걸을 수밖에 없었습니다. 누구 탓이랄 것도 없이, 둘 다 새로운 환경에 적응하느라고 한참을 만나지 못했습니다. 저의 새로운 환경은 새롭고 재미있는 것이었지만, 그녀는 어땠을까요.

그해 일 년 동안 저는 무척이나 바빴습니다. 부모님도 제 얼굴 보기가 대통령 만나기보다 어렵다면서 야단 치실 정도였으니까요. 서클 활동도 두 가지나 했고 매일매일 친구들과 만났고 세미나며 농활, 집회로 정신없이 돌아다녔습니다. 가끔 엄마한테서 정민이가 전화했더라는 말을 들으면 그제야 전화를 걸곤 했습니다. 수화기 너머로 들려오는 목소리는 언제나 기운 없고 우울해 보였습니다. 재수생이 다 그러려니, 저로서는 그녀의 생활을 함께 나눌 수도 없었고 짐작할 수도 없었습니다. 아니, 까맣게 잊고 있었다고 하는 게 좀더 솔직한 표현이겠지요.

다시 일 년이 지나 정민이의 대학 입학시험이 있기 전날. 그날은 제게도 대학 학보사 면접 시험일이었습니다. 하지만 저는 면접을 포기하고 정민이를 만나러 갔습니다. 찹쌀떡 건네주기가 망설여질 만큼 정민이는 지친 모습이었습니다. 그동안 얼마나 제가 필요했는지, 또 얼마나 야속했는지 정민이는 원망 섞인 탄식을 쏟아냈습니다. 눈에는 눈물이 가득했습니다. 할 말이 없었습니다.

다행히 정민이는 시험에 합격했습니다. 하지만 한번 뜸해진 관계는 좀처럼 회복되지 못했습니다. 또 일 년이 지나고 우리는 종로에서 만났습니다. 하마터면 알아보지 못할 뻔했습니다. 사내아이 같던 정민이가 머리를 기르고 너무나 여성스러워졌더군요. 어색했습니다.

뒤돌아보면, 아 그때 내가 참 무심했구나 하는 생각이 듭니다. 시간이 없어서, 너무 바빠서만은 아니었을 겁니다. 마음이 모자랐던 것이겠지요. 사람 사이의 관계도 나무 기르듯 물 주고 벌레 잡아줘 가며 정성을 쏟아야 하는 것인데 품 들이지 않고 열매를 거두려고 욕심을 부렸습니다. 친구가 가장 고통스러웠을 시기에 깊이 공감해 주지 못한 게 미안하고 아쉽습니다. 가까이 있을 때는 소중한 줄 모른다는 얘기는 어쩌자고 세월이 가도 그토록 끈덕지게 '진리'인지 모르겠습니다.

정민이를 되찾으러 가기에는 길이 너무 멀고, 정민이가 남긴 가르침만 마음에 진하게 남았습니다. '웬만하면, 정말 웬만하면 귀를 열어놓고 살아야지. 있을 때 잘해야지.' 그리고 염치 없는 기대 하나를 덧붙입니다. '누군가 나와 같은 마음으로 나를 생각해 주는 이가 있었으면. 부디 그도 나에게 인색하지 않았으면.'

☆ 『나이트 쉬프트』 중 「사다리의 마지막 단」, 스티븐 킹 글

P.S. I LOVE YOU

이 나이가 되고 보니 부쩍 오래된 친구들이 소중하고 고맙습니다.
학교 다닐 때에야 매일매일 얼굴 보고 붙어 다녔지만,
지금은 다 같이 모이는 게 일 년에 한두 번뿐입니다.
그래도 세월의 힘이라는 게 있는지 언제 만나도
그 시절로 금방 되돌아가게 됩니다. 반갑다 친구야!

비밀 일기장

'삐삐가 죽었다.'

한때 이런 소문이 돌았습니다. 말괄량이 삐삐가 나무 위에 올라가 촬영을 하다가 떨어져 죽었다는 소문이었습니다. 인터넷도 없던 시절이었지만 소문은 삽시간에 퍼져, 삐삐를 보고 자라 그녀를 기억하는 우리들 사이에 놀라움과 슬픔을 자아냈습니다.

얼마 전 '말괄량이 삐삐는 그 후 어떻게 되었을까' 라는 신문 기사를 보고 깜짝 놀랐습니다. 가늘고 긴 다리를 휘청거리며 화면을 압도했던 삐삐의 모습은 온데간데없고 웬 중년 아줌마가 활짝 웃고 있었으니까요. 외화 시리즈 「말괄량이 삐삐」의 출연 이후로도 한동안 연기 생활을 했지만 그다지 주목받지 못하고 어느 기업의 비서로 일하고 있던 삐삐. 그녀를 다시 대중 앞으로 끌어냈던 건, 그녀의 매력을 잊지 못하던 어느 기획자였습니다. 나이 든 삐삐의 얼굴에는 연기자에서 일반 기업의 직장인으로 변신하기까지 험하고 고단했을 마음의 풍상이 고스란히 드러나 보였습니다. 여전히 변하지 않은 게 있다면 마음 한구석을 풀어주는 듯한 그 환한 미소뿐이었지요.

삐삐의 매력에서 벗어나지 못한 게 어디 그 기획자뿐일까요. 제게도 삐삐는 너무도 신기하고 부러운, 그야말로 선망의 대상이었습니다. 혼자 뒤죽박죽 별장에 사는 것도, 원숭이 닐슨 선장도, 금화를 가지고 다니면서 맘껏 쓰는 백만장자인 것도 멋졌습니다. 자신들의 틀 안에 삐삐를 가두려는 어른들의 계획을 수포로 돌아가게 하는 삐삐의 괴력과 해결 방식이 부럽고 또 부러웠습니다.

그리고 여기 또 한 명의 동지가 있습니다. 비읍이. 이름도 참 재밌지요?『나의 린드그렌 선생님』의 주인공입니다. 아빠가 학교에 들어가서 비읍을 배우니 시옷을 알게 되고, 시옷을 알게 되니까 이응도 알게 되고, 우리말 자음과 모음이 줄줄이 사탕처럼 머릿속으로 들어온 것처럼, 비읍이를 얻고 나서 새로운 세상이 열렸다고 해서 이름을 비읍이로 지어준 것입니다. 하지만 안타깝게도 아빠는 비읍이가 어릴 때 돌아가셨고, 비읍이의 엄마는 생계를 위해 치과 보조사로 일합니다. 비읍이가 '아빠 없이 자란 아이'라는 소릴 듣지 않게 하기 위해 엄마는 비읍이를 무척 엄격하게 대합니다.

비읍이는 엄마의 얘기를 통해 삐삐를 알게 됩니다. 엄마의 얘기에 따르면, 삐삐는 어른들보다 말도 잘하고 못된 어른도 혼내주고 불쌍한 아이는 구해주는 정의의 용사였지요. 엄마는 깊은 밤 베란다에서 천천히 작게 삐삐의 노래를 부릅니다.

> 삐삐를 부르는 환한 목소리, 삐삐를 부르는 상냥한 목소리,
> 삐삐를 부르는 다정한 소리, 삐삐를 부르는 산울림 소리,
> 들쑥날쑥 오르락내리락 요리조리 팔딱팔딱
> 산장을 뒤흔드는 개구쟁이들

노래를 부르는 엄마는 부쩍 외로워 보였고, 그래서 비읍이는 「말괄량이 삐삐」가 슬픈 영화일 거라 짐작하기도 합니다.

비읍이에게는 꿈이 있습니다. 백만장자가 돼서 항상 피곤한 엄마를 돕고 삐삐를 세상에 내놓은 작가 린드그렌 선생님을 만나러 가고 싶은 꿈입니다. 엄마는 한 푼이라도 아껴야 하는데 비읍이가 도서관에서 빌려봐도 될 책을 돈 주고 산다며 못마땅해합니다. 그때 비읍이의 눈앞에 린드그렌 선생님의 팬인 '그러게' 언니가 나타납

니다. 조금이라도 책을 싸게 살 마음에 헌책방을 뒤지다가 만난 그러게 언니는 우리나라에 있는 린드그렌 선생님의 책은 모두 가지고 있습니다. 게다가 무슨 얘기를 하든 비읍이의 마음을 잘 이해해 줍니다. 간간이 "그러게"라고 맞장구 쳐주면서 고개를 끄덕이는 언니는 금세 비읍이의 가장 소중한 친구가 됩니다.

비읍이는 린드그렌 선생님을 만나러 갈 날을 꿈꾸며 일기장에 한 통 한 통 편지를 씁니다. 엄마와 다툰 이야기, 학교 선생님 이야기, 친구들과의 이야기를 소곤소곤 풀어놓습니다. 책에는 비읍이가 때로는 가출을 꿈꾸기도 하고 백만장자가 되는 상상을 해보기도 하고 여러 가지 일들을 겪으면서, 한 뼘씩 커가는 모습을 담아놓았습니다. 다시 말해 『나의 린드그렌 선생님』은 비읍이가 린드그렌 선생님의 책을 읽으며 작가에게 쓰는 편지, 엄마와 비읍이의 갈등, 비읍이를 이해하고 감싸주는 그러게 언니와의 이야기로 구성되어 있습니다.

비읍이는 외롭고 불쌍한 아이입니다. 엄마는 비읍이와 다투고 나면 방에 들어가 이모에게 전화를 해서 화를 풀기도 하지만, 비읍이에게는 전화도 없습니다. 전화를 할 이모도 없고요. 비읍이를 위로할 사람은 비읍이뿐입니다. 하지만 비읍이는 린드그렌 선생님의 책을 읽으며 상상하고, 생각을 모으는 힘 그리고 책을 읽으며 아름다운 말을 자기 것으로 만드는 법을 스스로 배웁니다. 무엇보다 비읍이는 인간에 대한 예의를 스스로 깨쳐갑니다. 엄마가 린드그렌 선생님의 책을 사지 못하게 하자 가출을 시도하지만, 린드그렌 선생님이 쓴 「펠레의 가출」을 생각하며, 입장을 바꿔 엄마가 가출했다면 비읍이 자신이 얼마나 가슴이 아플까를 헤아려봅니다.

비읍이 일기장만큼은 아니지만 저에게도 비밀 일기장이 있었습니다. 저도 혼자만의 일기장을 만들어놓고 누군가에게 편지 쓰기를 즐겼지요. 짐을 정리하다가 들춰보게 된 낡고 오래된 일기장이 참 재미있더군요. 그때는 이런 일로 고민하고 있었구나, 예전에는 그 친구랑 참 친했는데…… 하는 생각이 새록새록 떠올랐습니다.

과거의 기록이 고스란히 남아 있는 일기장은 소중한 제 보물이 되었습니다. 비읍이를 만나고 나니, 새삼 하루하루의 작은 기록을 남겨놓고 싶다는 생각이 들더군요. 그렇게 된다면 가끔씩 들여다보는 제 일기장에서도 한 뼘씩 커가는 제 모습을 볼 수 있을 테니까요.

☆ 『나의 린드그렌 선생님』, 유은실 글 · 권사우 그림

우리들의 수많은 해피들

어린 시절 우리 집에서 키우던 개 중에는 품종 좋은 녀석도 있었지만 대개는 모두 똥개였습니다. 부모님이 워낙 개를 좋아하셔서 주위에서 키우다 포기하는 개들을 우리 집으로 보내오기도 하고, 그 개들이 또 새끼를 낳아서 늘 집이 개들로 북적일 정도였습니다. 녀석들을 모두 키울 수는 없어서, 우리도 주변에 나눠 주곤 했습니다. 품종이 좋거나 귀엽게 생겼거나 하는 강아지들은 다들 앞 다투어 데려갔습니다. 그러다보면 우리 집에는 어딘가 모자라 보이거나 어찌 되었든 못난 강아지들이 남게 되었죠. 이렇게 못난 녀석들은 다른 집에 가면 제대로 대접을 받을 수 없으니 우리가 거두어야 했습니다.

지금도 친정집에는 똥개 두 마리(보라, 해피)와 시추 한 마리(하늘이), 그리고 풍산개 한 마리(왕건이)가 있습니다. 고향이 북쪽인 아버지는 오래전부터 풍산개를 꼭 키우고 싶다고 하셨는데 오랜만에 품종 좋은 개가 식구로 들어오게 된 것이지요. 생명이 있는 것들이 모두 그렇듯, 풍산개가 새끼일 때는 얼마나 귀여웠는지 모릅니다. 시간이 흐르고 더구나 제가 결혼을 해서 친정집 가는 일이 드물다보니, 찾아갈 때마다 풍선을 불어놓은 것처럼 풍산개가 부쩍부쩍 커 있더군요. 제가 가면 왕건이는 반갑다고 앞발을 번쩍 듭니다. 순간 '셜록 홈즈에 나오는 바스커빌의 마견이 이 정도였겠구나' 하는 무서움이 더럭 들 정도지요. 심지어 엄마가 마당에 나가려고 하면 왕건이가 어찌나 살갑게 덤벼드는지 나뭇가지를 들고 녀석과 마치 칼싸움을 하듯 길을 헤쳐 나아가서야 할 정도입니다.

신랑도 진돗개를 키워본 경험이 있어, 제 친정집의 왕건이를 좋아했습니다. 하루는 왕건이가 신랑을 보자마자 덤벼들더니 『말리와 나』에 나오는 말리처럼 신랑의 새 옷을 침 범벅으로 만들어놓았습니다. 개를 좋아하는 분들이라면 『말리와 나』를 꼭 읽어보라고 권하고 싶습니다(영화로도 만들어진다고 하더군요). 『말리와 나』의 주인공 말리는 래브라도 리트리버라는 종입니다. 귀는 늘어지고, 발은 두툼하고, 꼬리는 수달같이 생겼지요. 총을 맞아 떨어진 새를 물어 오는 능력이 뛰어나다고 해서 '리트리버'라는 이름이 붙었다고 합니다. 온순하고 쾌활한 데다 사람에게도 살갑게 굴어 경찰견이나 맹인 안내견 역할을 톡톡히 해내지요.

존과 제니는 갓 결혼한 신혼부부로 엄마 아빠가 될 연습을 하기 위해 강아지 한 마리를 기르기로 합니다. 신문에 난 광고를 보고 강아지를 보러 간 존은 그만 쉴 새 없이 까부는 노란 털공 같은 강아지에게 반해버립니다. 이 녀석이 바로 말리입니다. 그때 알아봤어야 하는 거였지요. 말리가 얼마나 천하의 악동인지를요.

말리는 존의 집에 오고 나서 얼마 안 있어 정체를 드러냅니다. 집에 손님이 오면 손님 무릎을 끌어안고 교미하는 시늉을 합니다. 어디 그뿐인가요, 삼십 초 만에 구두 한 켤레를 엉망으로 만들어버리는 재주도 있습니다. 또 덩치에 안 어울리게 큰 소리를 무서워해서, 천둥이라도 치는 날엔 허둥지둥 몸을 숨기느라 정신이 없습니다. 겁먹은 채 소란을 떠느라 눈에 걸리는 물건은 몽땅 부숴버리면서 말이죠. 더군다나 이 녀석, 변기 물도 마십니다. 잠깐만 한눈을 팔아도 다리가 넷인 의자를 세 개짜리로 변신시켜 놓기도 하고, 깃털 든 베개를 물어뜯어 거실을 눈보라가 불어닥친 시베리아 벌판으로 만들어놓기도 합니다.

말리의 끝없는 말썽과 장난을 보니, 어린 시절 우리 집에서 키우던 개들이 떠오르더군요. 개를 키워본 사람은 누구나 압니다. 식구들이 모두 잠든 늦은 밤 집에 들어갈 때면 홀로 깨서 맞아주며 촉촉한 눈길을 보내던 그 표정과 꼬릿짓을요. '힘들었어요? 고단하진 않아요?' 말을 건네는 것도 같습니다.

우리 집 강아지 이름은 해피였습니다. 강아지는 바뀌어도 이름은 바뀌지 않았습니다. 다 같이 머리를 싸매고 앉아 짓는 이름도 아니었고, 그냥 누군가 별 성의 없이 해피라고 부르면 그 녀석은 해피가 되었지요. 그 시절 대한민국에 있는 강아지 중 절반 정도는 이름이 해피가 아니었을까 싶습니다. 또 가족 중에 누군가가 다른 이름으로 녀석을 불러도 별로 토를 달지 않습니다. 그런가보다 하죠.

지금 친정에서 키우는 풍산개 왕건이는 조카인 '황상건'의 돌림자로 지어야 한다고 해서 지어진 이름입니다. 상건이보다 아래 항렬이어야 할 왕건이의 이름이 더 위 항렬 같지요. 식구들끼리 왕건이라는 이름을 두고 맞느니 틀렸느니 말이 끊이질 않습니다.

지금도 그렇지만 예전에도 우리 집은 젖과 꿀이 흐르는 땅이었습니다. 딱히 개들에게 좋은 잠자리를 만들어주고 섬세한 손길로 씻겨주고 빗어줘서가 아닙니다. 이름 붙이는 일도 허술할 만큼 완벽한 자유와 분방함이 보장된 곳이니까요. 그 풍요로움 속에서 개들의 출산은 끊이질 않았습니다. 개들이 새끼를 낳으면 온 집안 식구들이 조심합니다. 어머니는 정성껏 미역국을 끓여줍니다. 우리 남매들이 언제나 개들과 어울려 놀게 내버려두던 아버지도 새끼가 태어날 무렵이면 우리가 서투르게 만지다가 일을 낼까 싶어 접근하지 못하게 주의를 줍니다. 새끼를 낳고 극도로 예민해지는 어미 개는 위험을 감지하면 새끼를 물어 죽이기도 하니까요. 새끼를 위험에 몰아넣느니 자기 손으로 처리(?)하는 게 낫다는 판단에서 그러는 것 같습니다. 어미 개가 보기에는 어린 우리 남매들의 호기심도 바로 그런 위험 중 하나였겠지요. 그래서 우리들은 강아지가 모두 몇 마리 태어났는지, 강아지의 색깔이 얼룩인지 흰둥인지 무척이나 궁금한데도 꾸욱꾸욱 눌러 참고 조용히 기다렸습니다.

    새끼를 낳고 난 후면 뭔지 모르게 어미 개가 전과는 달라져 있습니다. 새끼들은 어미 개의 젖꼭지가 으스러지지 않을까 싶을 정도로 힘차게 젖을 뺍니다. 어미 개가 탈진해서 나 죽었네 하고 널브러져 있어도 새끼들은 아랑곳없이 젖을 뺍니다. 탈진 상태에서도 어미 개는 사랑스러운 듯 새끼를 정성스럽게 혀로 핥아줍니다. 강아지들이 조금씩 크면 드디어 계단을 내려가기 시작합니다. 이때부터는 강아지 키우는 데 주의가 필요합니다. 마치 아이를 키우는 것과 같지요. 제가 어릴 때는 동네를 돌아다니는 개장수들이 많았는데, 덕분에 개장수가 밤새도록 강아지를 꼬여서 아침이면 개가 감쪽같이 없어지는 일들이 벌어지곤 했습니다(물론 개장수에게 잡혀 갔다는 건 순전히 그 시절 우리들의 추측입니다).

새끼들이 크면 한 마리 정도만 남기고 모두 다른 집에 보냅니다. 새끼들을 보내고 난 후 어미 개가 한동안 쓸쓸해하는 모습은 옆에서 보기에도 안쓰럽습니다. 어떨 때는 어미 개가 울기도 합니다. 개의 울음소리는 어린 마음에도 얼마나 이상하고 낯설게 들리던지요. 녀석이 아주 서럽게 울어대서 저도 덩달아 울적했습니다.

많을 때는 여덟 마리까지 키웠던 적도 있습니다. 동물농장이 따로 없었지요. 개가 많을 때 부모님은 우리 형제자매에게 자기 개를 한 마리씩 맡아 키우게 하셨습니다. 이름도 짓고 언니와 오빠가 못 만지게 위세도 부리고 아프면 보살펴주기도 했습니다. 제일 재미있는 건 개를 목욕시키는 일입니다. 마당에서 키우는 개들은 요즘의 애완견처럼 목욕을 자주 시키지 않고 일 년에 몇 번 정도 시키는데 번번이 아수라장이 되고 맙니다.

개가 없어지는 일도 종종 일어납니다. 마당에서 기르던 개들은 틈만 나면 왜 그렇게 밖으로 뛰쳐 나가던지요. 야생의 피가 들끓었던 걸까요. 아무튼 그렇게 해서 개를 잃어버리면 다섯 식구가 미친 듯이 "해피야!"를 외치며 온 사방으로 찾아다녔습니다. 아주 잠깐이지만 집 나갔다 돌아온 개들은 완전히 거지꼴입니다. 그래도 눈물이 나도록 반갑습니다.

개는 마지막 순간이 되면 꼭 사라져버립니다. 엄마 말씀이, 영리한 개는 주인에게 폐를 끼치지 않으려고 마지막 가는 길에는 기를 쓰고 나간다고 합니다. 산으로 죽으러 간다고요. 개의 일 년은 사람의 칠 년과 같다고 합니다. 인간에 비해 빠르게 늙어가는 거지요. 그토록 말썽쟁이였던 말리도 노쇠해집니다. 말리는 열두 살이 되면서 귀가 먹고 관절염 때문에 뼈마디가 약해져 엉덩이가 망가져버립니다. 계단 오르기 챔피언이었던 말리는 엉덩이를 밀어줘야 간신히 계단을 올라가는 신세가 됩니다. 심지어 그토록 집착하던 배변을 통제하는 능력까지 잃게 되지요.

그렇게 말리의 마지막이 다가옵니다. 지난 십이 년간 말리는 존이 집에 오면 벌떡 일어나 몸을 흔들고 꼬리를 치며 백년전쟁에라도 참전했다가 방금 돌아오기라도 한 것처럼 반겨줬습니다. 그런데 이제는 눈으로는 존을 보아도 고개를 돌리지도 못하고 코를 문질러도 반응을 보이지 않습니다. 존의 어머니가 존에게 이런 말을 들려준 적이 있습니다. "네 아버지와 오십 년을 살면서 우는 걸 딱 두 번 봤다. 네 누나 메리 앤을 사산했을 때와 기르던 개 숀이 죽었을 때란다." 말리를 보내며 존 역시 그러했습니다.

말리를 만나고 나니 제 어린 시절을 함께 한 수많은 '해피'들이 떠오릅니다. 우리 가족이 슬플 때나 기쁠 때나 늘 우리 곁에 있어줬던 해피가 말이죠. 품종도 다르고, 개성도 다 제각각이었지만 녀석들은 우리들에게 늘 똑같은 선물을 줬습니다. 녀석들의 이름대로 '행복'을 준 거죠. 곁에 있는 것만으로도 행복을 주는 존재. 과연 우리가 살면서 그런 존재를 몇이나 만나게 될까요. 그런 의미에서 저는 행운이었던 것 같습니다.

요즘 마트에 가보면 매장 한켠에서 알록달록 물감이 입혀진 집을 이고 다니는 소라개나 사슴벌레 애벌레를 병에 담아 팝니다. 애완용으로 키우는 것이지만 늘 한구석에는 이런 문구가 붙어 있죠. '자연관찰용 교재. 살아 있는 교육, 아이들의 EQ도 쑥쑥 커집니다.' 동물들과 함께 생활하는 것이 아이들에게 좋은 공부가 되는 건 틀림없지만, 그것은 그들이 '교재'이기 때문이 아닐 겁니다. '생명'이기 때문이죠. 우리와는 다르지만 소중한 생명을 가진 녀석들을 통해 우리는 교과서에서는 배울 수 없는 걸 배웁니다. 어떨 땐 엄마를 통해서 배울 수 없는 것도 배우게 되지요. 그런 의미에서 녀석들은 강아지건 사슴벌레이건 모두 '해피'인지도 모릅니다. 행복을 선물해 주니까요.

☆『말리와 나』, 존 그로건 글

P.S. I LOVE YOU

남편과 저는 어린 시절을 단독주택에서 개를 키우며 보냈습니다.
아기를 낳기 전부터 신랑은 단독주택에서 살기를 간절히 원했습니다.
마당 있는 집에서 개를 키우면서 사는 삶.
저도 솔깃했지만 현실적으로 불가능해 보입니다.
신랑은 정원사로, 나는 가정부로 있다면 모를까요.

우정의 맹세

「들장미 소녀 캔디」에 나오는 이라이자, 그리고 외화 「초원의 집」에 나오는 심술쟁이 넬리. 이 두 여자아이에게는 공통점이 몇 가지 있습니다. 부잣집 딸이라는 점, 공주님처럼 예쁜 옷을 입고 다닌다는 점, 고데기로 예쁘게 만 머리를 치렁치렁 늘어뜨리고 다닌다는 점. 그리고 새침떼기에다 욕심 많은 아이라는 점이지요. 두 프로그램 덕분에 저와 비슷한 세대의 여자아이들 머릿속에 자리 잡은 못된 아이의 전형은 이라이자와 넬리를 무척 닮아 있었죠. 저에게도 그런 여자아이에 대한 기억이 있습니다.

초등학교 3학년 즈음 저는 삼총사의 일원이었습니다. 어린 시절엔 누구나 한 번쯤 삼총사를 꿈꾸죠. '하나를 위한 모두, 모두를 위한 하나'를 외치는 삼총사의 의리와 우정은 고만고만한 아이들에겐 로망이기도 하니까요. 하지만 현실이 어디 그렇게 만만하던가요. 삼총사라는 이름으로 셋이 뭉치면 꼭 말썽이 생기곤 합니다. 셋 중 한 명은 인기가 많고, 나머지 둘은 인기 많은 한 아이를 놓고 경쟁하게 되는 구도가 만들어지는 거죠.

저의 초등학교 3학년 시절 삼총사 역시 그랬습니다. 인기 많았던 친구는 유난히 키가 컸습니다. 남자아이처럼 털털하고 왠지 모르게 어른스러운 구석이 있었죠. 그러니 친구들의 선망의 대상이 된 건 당연한 일이었습니다. 저 역시 그 껑다리 친구와 친하고 싶었는데, 그러다보니 바로 '이라이자' 같은 친구를 만나게 된 겁니다. 그 친구는 이라이자나 넬리처럼 빈틈없이 예쁘게 꾸미고, 정성스레 속옷을 갖춰 입고 다녔고 굽 달린 반짝반짝 빛나는 구두를 신고 오곤 했습니다. 성격 역시 이라이자와 비슷해서 자기중심적이고 욕심이 많았지요. 물론 이 기억은 왜곡된 것인지도 모릅니다. 어린 시절의 기억이란 자기중심적으로 자리 잡기 마련이니까요.

제가 그 아이를 그렇게 부정적으로 기억하는 건 바로 껑다리, 이라이자와 함께 우정의 반지를 나눠 끼고 얼마 지나지 않았을 때의 사건 때문입니다. 당시 아이들 사이에서는 우정의 반지가 대유행이었던 터라, 제 손에 자리 잡은 반지를 볼 때마다 행복하고 뿌듯했습니다. 그런데 어느 날 꺽다리 친구가 화장실 앞으로 저를 불러내더군요. 이라이자와 자기 둘만 사귀기로 했으니 그리 알라는 통보였죠. 우정의 맹세를 파기하자는 말을 들은 그 순간, 화장실 뒤에 서 있던 어린 저의 눈앞이 잠시 흐려지며 아무것도 보이지 않았습니다. 분명 방금 전까지만 해도 찬란한 하늘이 펼쳐져 있었는데 말이지요. 어쩌다 일이 그렇게 된 것인지 충분히 짐작할 수 있었습니다. 평소에도 꺽다리 친구를 사이에 두고 저와 이라이자가 보이지 않는 경쟁을 벌이곤 했으니까요. 이라이자가 뭔가 작업을 벌인 게 분명했습니다.

아아, 그 말을 듣고 집에 돌아오는 길은 얼마나 슬프고 참담하던지요. 커플링을 사고, 그 카드 대금 고지서가 날아오기도 전에 사랑이 깨진 남자의 마음이 아마도 이렇겠지요. 저는 그날 이후로 다시는 친구와 삼총사 같은 걸 맺은 적이 없습니다. '홀수라는 것은 누군가가 외톨이가 된다는 것을 의미한다. 여자아이 셋 사이에 평화란 없다' 라는 사실을 저는 일찌감치 깨달았던 셈이죠. 삼총사의 숙명이라고나 할까요.

재클린 윌슨의 『잠옷 파티』를 읽으니 어린 시절의 삼총사가 떠올랐습니다. 『잠옷 파티』는 에이미, 벨라, 클로에, 데이지, 에밀리, 이렇게 다섯 명의 여자아이가 친구가 되는 이야기입니다. 다섯 친구는 자신들의 이름 첫 글자를 따면 a, b, c, d, e가 된다고 해서 '알파벳 클럽'이라는 이름을 붙입니다. 그러고는 돌아가면서 생일날 친구 집에서 잠옷 파티를 열지요. 그런데 주인공 데이지가 삼총사에서 따돌림당했던 저처럼 외톨이가 되는 상황에 처합니다. 이미 에이미와 벨라, 그리고 클로에와 에밀리가 단짝이었으니까요. 게다가 뭐든지 자기 마음대로 하는 클로에가 데이지에게 못되게 굴기까지 합니다(이 아이는 마치 제 어린 시절의 '이라이자'를 떠올리게 했습니다). 하지만 착한 에밀리는 데이지의 진심을 이해해 주고 단짝 친구가 되지요. 야호!

홀수의 친구는 외롭지만 둘이서 이어가는 단짝 우정은 생각만 해도 가슴 뿌듯합니다. 대학을 졸업하고 직장생활을 하며 붙어 다니던 언니가 있었습니다. 반쪽이 언니. 헤어진 나의 반쪽이라고 해서

붙인 별명이었습니다. 저와 같은 동네에 살았던 언니는 저보다 한 살 위인데 재수를 해서 저와 학번이 같았습니다. 무뚝뚝한 데다 중성적 이미지가 강했던 언니는 틈만 나면 유럽으로 여행을 떠나는 자유로운 영혼의 소유자였습니다. 대학 때만 해도 이미 파리를 십여 차례나 다녀왔을 정도니까요. 언니는 가끔 동네 카페에서 저를 불러내 아무런 표정 없이 "그리스에서 네 생각이 나서 사온 거야" 하며 이국의 풍경이 그려진 물건들을 내밀곤 했지요.

대학 졸업 후, 언니는 일본계 은행에 취직을 했습니다. 외국계 은행에 취직한 걸 다들 부러워했는데, 어느 날인가 언니는 "나 유니폼 입기 지겨워서 은행 못 다니겠다"며 회사를 덜컥 그만두었습니다. 여성들에게는 유난히 취업문이 좁다는 걸 생각하면 후회막급일 일인지도 모르겠지만 언니의 숨겨진 잠재력을 생각하면 더 멋진 미래를 위한 선택일 거라 믿음이 가기도 했습니다.

아니나 다를까, 언니는 그다음부터 종횡무진 부지런히 뛰더군요. 가이드를 겸해 여전히 여행을 즐겼고 쉬엄쉬엄 놀며 공부를 하더니 박사 과정까지 마쳤습니다. 대학 시절 같이 여행을 다니던 선후배들과 『EASY EUROPE』이라는 여행가이드북도 썼습니다.

언니와 저는 '트래블 메이트'이기도 했습니다. 제가 방송일을 하다보니 제 스케줄에 맞춰 같이 여행을 갈 수 있는 사람은 반쪽이 언니밖에 없었습니다. 언니와 같은 동네에 오랫동안 살며 왕래하다 보니, 추억도 비슷하고 취향도 맞았습니다. 마치 「거침없이 하이킥」에서 민호, 윤호와 같은 학교에 다니는 친구 김범이 민호네 집에 수시로 드나들다 못해 민호네 집을 제 집처럼 여기는 것처럼, 저도 언니 집을 제 집 드나들듯 했습니다. 언니네 집에 무슨 일이 있었는데 나중에 제가 빠진 걸 알면 "왜 날 안 불렀어!" 하며 화를 낼 정도였으니까요. 서로 옷도 바꿔 입고 요가도 같이 하고 찜질방도 같이 다녔습니다. 동네에 폭포수가 떨어지는 대형 목욕탕이 생겼는데, 그곳에 함께 가는 것도 즐겼지요.

우리가 그렇게 단짝 친구로 지낼 수 있었던 이유 중 하나는 언니나 저나 오랫동안 싱글 생활을 했다는 공통점 때문입니다. 둘이 신나게 놀다가도 애인이 없어서 우울할 때 언니는 제게 "예쁜아, 너처럼 멋진 애는 없을 거야" 하며 위로를 해주기도 했습니다. 언니와 저는 비슷한 시기에 애인이 생겼고 결혼도 했습니다. 언니는 결혼 후 미국에서 살고 있습니다. 언니와 자주 갔던 곳을 지나칠 때마다 언니 생각이 납니다. 신랑과 함께 여행을 가서도 '내가 언제 여길 와봤었나' 하는 기시감이 들곤 하는데, 생각해 보면 언니랑 함께 다녔던 곳입니다.

언니가 이곳에 없어도, 연락이 뜸해져도 우리 둘 사이를 이어주는 끈은 탄탄합니다. 제게 잘생긴 늙은 호박 몇 개가 생기면 그중 하나는 따로 챙겨둡니다. 언니네 어머니께 갖다 드리기 위해서지요. 그쪽 어머니 역시 마찬가지입니다. 좋은 것이 있으면 저를 잊지 않으시고, 또 당신이 필요한 건 서슴없이 제게 부탁하시기도 합니다. 마치 엄마와 딸이 그러듯이 말이죠.

얼마 전에는 미국에 있는 반쪽이 언니에게 전화를 했습니다. "누구니?" 하는 언니 목소리에 발끈하며 "벌써 내 목소리 잊었어?" 하고 소리를 질렀지만 언니는 여전하더군요. 그곳에서 마추픽추와 나스카를 여행하려고 계획을 세우고 있었으니까요. "마추픽추는 여름에 가야 제일 좋고, 나스카는 겨울에 가야 좋다고 하는데 한 번에 갈까, 따로 따로 갈까? 정말 고민이다."

저도 마음은 당장이라도 날아가고 싶은데 일단은 모유 수유를 끝마치는 그날까지는 기다려야겠지요. 아기를 맡길 곳이 마땅치 않은 저로서는 언제쯤 여행을 갈 수 있을지 요원하기만 합니다.

"언니, 아직도 여전하구나." 그리고 생각해 보니 옛날, 언니와 저의 고민이란 것도 바로 그런 거였지요. 정말 즐거웠던 시절, 다시 돌아오지는 않겠지만 언제나 그립습니다.

☆ 『잠옷 파티』, 재클린 윌슨 글 · 닉 샤랫 그림

P.S. I LOVE YOU

반쪽이 언니가 멕시코에서 보내온 편지입니다.
멕시코에서는 한글 프로그램이 없어서 영문으로 보냈구요,
짧은 영어로 간단한 메일을 보냈지만 소식을 전하고 싶은
간절한 마음이 느껴졌습니다.

Did you read my short e-mail?

When I read your e-mail, I was in Havana, Cuba,

and internet was so slow there.

But now I am in Mexico city. Internet is easy to use

and cheap and faster.

Now I am travelling with my husband and my friend.

(…)

While I was travelling, I thought about you many times

because we traveled together a lot.

When I eat spanish food or continental breakfast or walk around,

it reminds me Shanghi, Paris, Madrid……

So when I saw your e-mail, it made me happy.

Anyway, english is not comfortable to me.

I will write again after I go back to LA. Bye……

선생님께 쓴 편지

요즘 서점가에서 유행하는 제목 중 하나가 바로 '죽기 전에 해야 할……' 이란 말입니다. 죽기 전에 가봐야 할 여행지, 죽기 전에 먹어야 할 음식, 죽기 전에 읽어야 할 명작…… 뭐 이런 식의 제목 말입니다. 죽기 전에 무슨 일이 있어도 가보거나 먹거나 읽어야 한다니. 그만큼 의미가 있는 것들이기도 하겠지만 사실 독자의 입장에선 왠지 마음에 부담이 됩니다. 그런 걸 안 하면 죽을 때 억울해서 눈도 감을 수 없을 것 같다는 부채감이 드는 거죠.

  책 역시 마찬가지입니다. 작가의 이름도 대단하고, 작품 속에 담긴 통찰력도 놀랍다는 얘기에 책을 꺼내 들지만 실패할 때가 종종 있습니다. 대체 무슨 얘기를 하는 건지 뭐가 재미있다는 건지도 모르는 채 책장만 넘기다가 결국 책을 덮었을 때, 왠지 주눅이 들죠. 남들이 말하는 명작도 소화시키지 못하는 깜냥밖에 안 되나 싶어서 우울해지기도 합니다.

그에 비해서 어린이책은 부담이 훨씬 적습니다. '기면 기고 아니면 아닌' 점도 맘에 들고, 문학적 의미나 숨겨진 작가의 의도 같은 걸 굳이 따질 필요가 없을 만큼 명징한 것도 좋습니다. 읽고 나서 '아, 좋다'라고 말하면 그뿐입니다. 그렇다고 삶에 대한 통찰이 어른들 책보다 떨어지는 것도 아닙니다. 다만 그것을 좀더 단순하고 명확하게 전달한다는 매력이 있죠. 무엇보다 빨리 읽을 수 있다는 점이 맘에 들고요. 그러니 아이가 없더라도 가끔은 동화책을 읽어보길 권합니다. 『백설공주』도 조금은 다르게 다가오고, 『해와 달이 된 오누이』도 색다르게 느껴질 테니까요.

『헨쇼 선생님께』는 어린이날 무렵에 「FM대행진」에서 어른들이 읽으면 더 좋은 어린이책으로 소개했던 책입니다. 주인공은 리보츠라는 남자아이입니다. 책 속의 헨쇼 선생님은 『개를 재미있게 해주는 방법』이라는 책을 쓴 작가입니다. 2학년 때 리보츠는 담임선생님이 『개를 재미있게 해주는 방법』을 읽어주는 것을 입을 헤벌리고 듣고는 어찌나 재미있는지 그 책에 매료되어 버립니다.

그렇게 해서 리보츠는 책의 저자인 헨쇼 선생님께 팬레터를 쓰게 됩니다. 더 어려서는 책의 독후감 정도를 써서 보내지만, 훌쩍 큰 6학년이 되어서는 헨쇼 선생님께 질문을 보냅니다. '문장력을 높이기 위해 작가에 대한 보고서를 쓰라'는 숙제 때문이지요. 편지를 받아본 헨쇼 선생님은 리보츠에게 답장을 써줍니다.

헨쇼 선생님은 따뜻하고 유머 있는 작가인가봅니다. "가장 좋아하는 동물은 무엇이죠?"라는 리보츠의 질문에, "나는 도서관에 가서 자료를 찾아보지도 않고 작가한테 이것저것 물어대는 애를 잡아먹는 괴물이 좋더라"라고 답합니다. 그러면서 오히려 리보츠에게 질문을 던집니다. 그리하여 리보츠는 질문에 답하기 위해 제법 긴 편지를 쓰기 시작하고, 헨쇼 선생님의 조언대로 글쓰기 노트를 삽니다. 그냥 일기 쓰기는 막막하니 '헨쇼 선생님께'라는 편지글로 시작하는 일기를 쓰기 시작합니다. 그렇게 해서 '리보츠의 비밀 일기'가 탄생하게 된 거죠.

리보츠의 이야기는 두 가지 축으로 전개됩니다. 하나는 아빠와 떨어져 엄마와 단둘이 살아가는 리보츠가 아빠를 그리워하는 이야기이고, 또 하나는 '헨쇼 선생님께'로 시작되는 일기를 꾸준히 쓴 리보츠가 문장력이 점점 좋아져서 글쓰기 대회에 나가는 이야기입니다. 그런데 사실 이 두 가지 이야기는 서로 얽혀 있습니다. 짐작하시겠지만 리보츠는 일기를 쓰면서 엄마와 아빠의 삶을 서서히 이해하게 되니까요. 늘 외롭고 불행하던 어린아이는 일기를 쓰면서 차차 어른이 되어갑니다.

그런 리보츠의 모습을 보면서 저의 중학교 시절이 떠올랐습니다. 왜 그랬는지 모르겠지만 그때는 제가 이미 다 자랐다고 생각했습니다. 그래서 돈을 벌어 독립을 하기 위해 무엇을 할까 궁리하기에 이르렀죠. 궁리 끝에 나온 결론이 신문 배달이었습니다. 부모님과 상의를 하면 진정한 독립이 아니라고 생각해 아무 말도 않고 혼자 신문지국에 찾아갔습니다. 초겨울 무렵이어서 새벽같이 나선 골목길은 무척 어두웠습니다. 더군다나 막상 찾아갔는데 문도 닫혀 있었습니다. 결국 신문지국에 가서 말 한마디 못 해보고 다시 집으로 돌아왔더니, 아빠가 어디 갔다 왔느냐고 물으시더군요. 비밀이라고 말하고 제 방에 들어갔는데, 왠지 아빠에게는 이야기를 해드려야 할 것 같은 생각이 들어 아빠에게 모두 털어놨습니다.

그런데 제 얘기를 모두 들은 아빠는 대뜸 "이 쥐새끼 같은 것아, 누가 너를 날름 잡아가면 어떻게 하려고"라고 하시는 거였습니다. 신문 배달이 얼마나 고되고 힘든 일이며 여자아이가 어두운 새벽길을 혼자 돌아다니는 게 얼마나 무모한 일인지 일장연설을 하셨습니다. 일언지하에 "안 돼"라고 거절당하자, 저는 분한 마음이 들어서 한참을 울었습니다. '아빠라는 사람이 어른이 되겠다는 딸을 막다니! 정말 어른들은 내 맘을 몰라주네.' 이런 생각을 하니 무척 서러웠던 것 같습니다(지금은 결혼해 아이를 낳았는데도 아직도 어른이 되려면 멀기만 한 것 같은데, 그때는 왜 그렇게 어른이 다 된 것 같았을까요).

제 아빠는 어린 저의 웃자람에 일침을 가하고 말았지만, 리보츠의 엄마는 조금 달랐습니다. 리보츠가 엄마 아빠의 이별에 대해 묻자 리보츠의 엄마는 솔직한 얘기를 들려줍니다. "고등학교를 졸업했을 무렵 엄마 앞에 트럭을 몰고 온 아빠는 키도 크고 걱정이라고는 하나도 없어 보이는, 마치 갑옷을 입은 기사 같았다"고 말합니다. 그래서 갑옷 입은 기사와 사랑을 했지만, 아기를 낳고 나서도 계속 떠돌이 기사처럼 살 수는 없었지요. 엄마는 리보츠를 위해서라도 정착을 하고 정말로 어른 노릇을 해야 했습니다.

어린 아들 앞에서 속내를 담담히 털어놓는 리보츠 엄마를 보면서, 놀라운 기분이 들었습니다. 많은 부모들처럼 "넌 몰라도 돼" 내지는 "크면 알게 된다"고 하지 않고, 차근차근 진실을 털어놓는 모습 때문이었죠. 어른들은 아이들한테 거짓말을 하면 안 된다고 입버릇처럼 말하면서도 정작 어른들 자신은 아이들 앞에서 어느 정도 솔직해질 수 있을까요…… 저 역시 마찬가지입니다.

리보츠를 아이 취급하지 않고 어른처럼 하나의 인격체로 동등

하게 대해준 리보츠 엄마와 헨쇼 선생님 덕분인지, 리보츠의 글솜씨는 날로 좋아졌고 마침내 리보츠는 글쓰기 대회에 나갑니다. 하지만 결과는 좀 김이 빠집니다. 리보츠가 1등도 아니고 2등도 아닌, 가작에 그쳤으니까요. 리보츠는 겨우 가작이라는 사실에 실망하지만, 책 속의 안젤라 배저라는 작가는 리보츠에게 이렇게 말해 줍니다. "어떤 상을 받았느냐는 그리 중요한 게 아니야. 너는 다른 사람을 흉내 내지 않고 너답게 글을 썼어. 그건 네가 좋은 작가가 될 수 있다는 증거야." 리보츠는 헨쇼 선생님께 일기 편지를 쓰며 자기답게 글쓰는 법을 깨달았던 겁니다.

저 역시 중고등학교 시절, 편지를 많이 썼습니다. 그중에서 가장 절절한 편지를 썼던 상대는 고등학교 시절의 국어 선생님이었습니다. 고등학교 2학년 때였지요. 선생님은 대학원 석사를 갓 마친 청년이었는데 제가 다니던 학교에서 일 년 정도 수업을 하셨습니다. 그 무렵 「컬러 퍼플」 「미션」 같은 영화를 보고 긴 영화평을 편지에 담아 그 선생님께 보냈던 기억이 납니다. 인생에서는 무엇을 위해 살아야 하는지, 종교란 무엇인지, 차별을 딛고 일어난 여성의 삶은 어떻다느니 하는 이야기들을 말이지요. 헨쇼 선생님처럼 좀 늦게 국어 선생님에게서도 딱 한 번 답장이 왔습니다. 그 편지를 참 오랫동안 간직하고 있었습니다.

지금은 저도 편지를 자주 쓰지는 않습니다. 문자나 짧은 메일을 주고받을 뿐이지요. 문자나 메일은 편지만큼 마음을 담아내지는 못하는 것 같습니다. 오늘은 오랜만에 편지를 쓰고 싶어지네요.

☆ 『헨쇼 선생님께』, 비벌리 클리어리 글·이승민 그림

불의를 보면 못 참는 정민

작가인 로알드 달과는 인연이 좀 있습니다. 물론 이미 고인이 된 로알드 달과 제가 인사를 나눈 것은 아닙니다. 저의 첫번째 번역 작품 『사랑은 스위트피 향기를 타고』가 바로 그의 손녀 소피 달의 작품입니다. 소피 달은 세계 유명 패션디자이너의 옷을 입는 일급 모델이기도 한데, 아름다움에 둘러싸여 사는 사람이라 그런지 그 작품이 소녀 취향이었고 제게는 좀 낯설었다는 게 뒤늦은 고백입니다.

할아버지인 로알드 달보다 소피의 책을 먼저 읽은 저는 뒤늦게 로알드 달의 단편집 『맛』을 접하고 로알드 달에게 그만 반하고 말았습니다. 제게는 재미있게 읽은 책을 서로 돌려 보는 독서 친구들이 있는데, 『맛』은 그 친구들에게도 최고의 평가를 받았습니다. 저는 오 헨리나 서머셋 몸 같은 작가들의 단편을 사랑합니다. 작가들 특유의 위트와 유머 그리고 마지막에 허를 찌르는 반전이 주는 묘미를 즐기는 편인데, 로알드 달의 단편들은 그런 고전적 기대를 충족시켜주는 흥미로운 작품들이죠. 이렇게 해서 로알드 달은 제가 좋아하는 작가로 한 자리를 차지하게 되었습니다.

관심을 가지고 보니 로알드 달은 동화 작가로도 유명하더군요. "좋아할 만한 주인공이 나오는 책"이라고 독서 친구가 『마틸다』를 빌려줬을 때, 그 말이 무슨 뜻인지 실감했습니다. 그렇다고 로알드 달의 재능이 어린이 취향이라는 얘기가 아닙니다. 어린이책을 쓸 만큼 무변광대한 상상력을 지녔다는 거죠.

『마틸다』는 지금껏 제가 읽은 보통의 동화책과는 너무나 달랐습니다. 주인공 마틸다는 찰스 디킨스나 키플링의 책을 읽는 천재 소녀입니다. 또래 친구들보다 조금 웃자란 마틸다는 한심한 부모들이 보여주는 것보다는 인생에 좀더 많은 진실과 비의가 담겨 있다는 것을 알고 있죠.

평소 같으면 마틸다의 남다른 모습에 먼저 반했을 텐데, 임신을 하고 읽은 터라 마틸다의 부모가 우선 눈에 들어왔습니다. 모성은 타고난 본능이라고 생각하지만 마틸다의 부모를 보면 꼭 그런 것만은 아닐 거라는 생각이 듭니다. '이런 말도 안 되는 부모가 있단 말이야' 싶을 정도로 마틸다를 억압하는 폭군 부모입니다. 아버지는 속임수로 돈을 벌고, 어머니는 게임과 연속극에 정신이 팔려 마틸다를 돌보지 않습니다. 마틸다의 부모를 흉보다보니 '아이가 태어나면 어떻게 될까, 과연 나는 아이를 잘 키울 수 있을까' 슬그머니 걱정스러워질 지경이더군요.

신랑에게 "자기야, 자기는 아이를 잘 키울 자신이 있어?"라고 물었더니 철부지 초보 아빠인 신랑은 "글쎄, 지금보다 돈을 좀더 벌어오면 되는 거 아닐까"라고 대답합니다. 물어본 제가 잘못이지요. 저는 매일매일 뱃속의 아기를 느끼고 있는데, 신랑은 아직 아기의 실체를 실감하지 못하는 듯했지요.

아무튼 마틸다는 고약한 부모 밑에서 자라지만, 그게 전부가 아닙니다. 그 어린 소녀가 다니는 학교의 교장 또한 평범한 사람이 아니니까요. 한마디로 괴물 같습니다. 말도 안 되는 교칙을 정해놓고 그대로 따르지 않으면 아이들의 머리채를 잡고 헤드뱅잉시키는 걸 예사로 여기죠. 그 장면을 읽으니 숨이 막히더군요. '아니, 어떻게 그런 상황이 벌어지도록 아무도 모를 수 있지. 이건 혼자 당할 일이 아니야. 다른 학부모들에게 알려야 해.'

책 속의 이야기인데도 손이 부들부들 떨릴 지경이었습니다. 길고 긴 여정이 있었지만 결국 교장선생님은 벌을 받고, 고약한 부모는 사라지고, 마틸다는 자신을 진정 아껴주고 속마음을 나누던 담임선생님과 함께 살게 됩니다.

결말을 읽고 나니 속이 다 시원하더군요. 생각해 보면 『마틸다』는 상당히 전복적인 결론을 갖고 있긴 합니다. 어린 여자아이가 자신의 부모 대신 진정한 소울메이트를 선택해서 살아가게 되니까요. 보통의 동화라면 좀 부자연스럽더라도 부모를 개과천선시켜서 함께 살게 만들 텐데, 『마틸다』에서는 과감하게 그 틀을 벗어던지니 말입니다.

그런 의미에서 마틸다는 제가 만나본 소설 속 주인공들 중에서 가장 쿨한 인물에 속한다고 할 수 있습니다. 마틸다는 인과응보를 부르짖지만 조급증을 내지도 않고 섣불리 자기연민에 빠지지도 않습니다.

천재 소녀지만 다른 아이들을 우습게 보지 않고 영리하면서도 되바라지지 않은 마틸다의 모습을 보며, 로알드 달이 인기 있는 이유는 그가 그려내는 인물의 독특함 때문이 아닐까 하는 생각을 했습니다. '이런 상황에서는 이렇게 생각하고 이런 생각을 하겠지' 하고 쉽게 상상할 수 있는 전형적인 인물을 동화 속에 담아내지 않는 것이죠.

마틸다와 달리, 솔직히 저는 인과응보를 믿지 않았습니다. 제가 보기에 세상에는 악한들이 줄을 잘 서서 출세도 더 잘하고 좋은 위치에 서기도 하니까요. 어느 날 좋아하는 선배한테 이런 얘기를 했더니, 선배는 아주 진지한 얼굴로 "정민아, 꼭 그렇지는 않아. 그 사람이 인과응보를 받지 않았다고 느낄지 모르지만 자식이나 그다음 세대에게 올바르고 떳떳할 수 없다면 그것도 인과응보가 아닐까. 적어도 인과응보란 말 속에는 자식에게 부끄럽지 않은 부모가 되어야 한다는 뜻까지 숨어 있는 거야. 나의 업이 자식에게 이어지지 않도록 반듯한 부모 노릇을 해야지"라고 말해 주었습니다. 구구절절 맞는 말이라서 왠지 좀 민망하고 부끄러워지더군요.

아기를 낳기 전, 결혼을 하기 전, 회사에 들어오기 전, 그리고 학창 시절의 제가 잠시 떠오릅니다. 스무 살의 혈기로 분노할 일도 참 많았던 것 같습니다. 그래서 때로는 친구들과 머리를 맞대기도 했고, 때로는 친구들과 어깨를 걸고 거리로 나가기도 했었죠. 그 시절을 빠져나오고 한참이 지난 지금, 여전히 세상은 속 시원히 돌아가지 않는 것 같습니다.

그런데 그 분노들은 다 어디로 사라진 걸까요. 분노 대신 불평이 자리 잡았고, 고민 대신 투덜거림에 더 익숙해졌습니다. 마틸다가 자라나면 어떻게 될까요? 저처럼 결혼을 하고, 아기를 낳고, 그렇게 답답해하던 현실에 슬그머니 뿌리를 내리게 되면, 그녀도 우리처럼 세상과 타협하게 될까요?

☆ 『마틸다』, 로알드 달 글 · 퀀틴 블레이크 그림

P.S. I LOVE YOU

친정엄마는 제게 늘 남에게 베풀면서 살라고 말씀하십니다.
그게 단지 착한 마음으로 살아가야 한다는 정언명령은 아닙니다.
내가 했던 일들이 언제 어디서 내 자식에게 돌아올지 모르니
덕을 쌓아야 한다고 하십니다.
어찌 보면 상당히 실용적인 그 말,
그게 무슨 뜻인지 이제야 조금씩 알겠습니다.

에필로그
P.S. I Love You

책을 시작하면서 꿈속에서도 글을 쓰는 일이 종종 생겼습니다. 이런저런 일로 바쁘다보니 글쓰기는 진척이 없는데도 마지막 글을 쓰고 뿌듯해하는 꿈을 꾸곤 했습니다. 몇 번을 비슷한 꿈을 꾸다보니, 꿈속에서조차 "이번에는 절대로 잊지 말아야지" 하면서 어딘가에 적어놓기까지 했건만 일어나고 나면 아쉽게도 내용은 기억나지 않습니다. 기억만 났다면 다들 깜짝 놀랄 만한 훌륭한 글인데!

드디어 이렇게 꿈이 아니라 현실에서 마지막 글을 쓰고 있습니다. 슬픔도 기쁨도 모든 것은 지나가나봅니다. 늘 지금 이 순간을 소중하게 살아야 하는 이유도 여기에 있고요. 책을 쓰는 동안 저뿐 아니라 저와 함께 울고 웃었던 모두에게도 조금씩 변화가 생겼습니다.

밤이면 밤마다 두 시간 주기로 깨서 울던 우리 아가는 이제 뛰어다닙니다. 마치 집 안 어딘가에 황금 돼지라도 있는 줄 아는지 온 집안 구석구석을 파헤치고 다녀 뒤치닥거리 하기가 만만치 않습니다. 다행인지 불행인지 아가는 엄마가 너무 바쁜 탓에 다른 엄마들은 6개월도 되기 전부터 보낸다는 학원을 무시한 채 집에서 엄청 놀고 있습니다. 얼마 전 머리를 빡빡 깎아주었는데 이젠 제법 남자 티도 나고 (정말!) 군대 가는 청년처럼 슬픈 표정을 짓더군요.

친정에서 엄마 아빠가 키우던 진돗개 왕건이는 너무 덩치가 커져서 시골로 내려 보냈습니다. 조카들이 이 사실을 알고 다들 울면서 분개했지만 왕건이가 있는 한 우리 가족은 마당을 밟기 어려웠을 겁니다.

지난 3년 사이 가장 많이 바뀐 사람은 다름 아닌 신랑입니다. 사람들 말로는 술 좋아하고 사람 좋아하는 남자들은 믿을 게 못된다고 합니다. 아기가 자라면 다시 예전의 신랑으로 돌아갈 거라고 하지만 일단 지금은 가정적인 아빠로 변신해 아기 목욕도 잘 시키고 대화도 곧잘 합니다. 남편을 빼다 박았으니(제가 출산 후 처음 아가를 보고 "앗! 남편이다" 소리쳤던 거 기억하시죠!) 예뻐하는 거야 당연하다 싶지만 그래도 부자가 함께 있는 모습을 지켜보고 있으면 흐뭇해집니다. 물론 여전히 제가 못 하나 박아달라고 해도 한 달은 걸리지만 이제 그런 사소한 일들은 어느 정도 포기가 됩니다.

솔직히 말하자면 저보다는 신랑이 삶을 더 여유롭고 편하게 즐길 줄 알아서 우리 아가가 신랑 성격을 닮았으면 하는 마음이 듭니다. 물론 엄마가 무슨 생각을 하건 말건 우리 아기는 그저 땀을 뻘뻘 흘리며 1분 1초도 쉼 없이 움직일 뿐이지만요.

「FM대행진」을 같이 하던 식구들도 바뀌었습니다. 싱글로 프로그램에 합류했던 정유라 피디는 결혼을 하고 아기를 낳으면서 우리 프로그램을 떠났고 김현정 작가는 지금이 아니면 평생 못할 것 같다며 장기 여행을 떠났습니다. 새롭게 함께 한 박정연 피디는 같이 지낸 시간은 짧지만 오랜 시간을 함께 지낸 듯한 전우애가 듭니다. 프로그램을 맡은 지 얼마 안 되어 여러 가지 일들을 겪었지만 특유의 끈기와 성실함으로 우리 팀을 잘 이끌어주고 있습니다. 박희수 작가는 사람을 기분 좋게 만드는 상큼한 후배이면서도 의외로 기대고 싶은 듬직함이 있습니다. 염진영 작가는 여전히 새벽잠을 설치며 제 곁에서 고군분투하고 있고요.

올해는 기분 좋은 기념일들이 많습니다. 우리 아기 첫번째 생일도 있었고 가을이면 드디어 책이 나옵니다. 무엇보다 제가 더없이 사랑하는 「FM대행진」을 진행한 지 10년이 됩니다. 라디오를 진행하다 보면 듣는 사람도, 진행하는 사람도 마치 가족 같은 느낌이 듭니다. 결혼할 때, 출산할 때, 출산휴가 뒤에 복귀했을 때도 「FM대행진」 식구들은 마치 누나나 언니의 일처럼 진심으로 기뻐해주었습니다. 덕분에 새벽같이 일어나야 하는 아침 방송의 고단함은 단번에 날아갔지요.

언제나 고마운 「FM대행진」의 황족들, 그리고 이 시간을 함께해준 당신에게 정말 감사합니다.

도서목록

『흰 토끼와 검은 토끼』, 가스 윌리엄스 글·그림, 다산기획
『당나귀 실베스터와 요술 조약돌』, 윌리엄 스타이그 글·그림, 다산기획
『아빠가 좋아』, 사노 요코 글·그림, 비룡소
『돼지책』, 앤서니 브라운 글·그림, 웅진닷컴
『우리 아빠가 최고야』, 앤서니 브라운 글·그림, 킨더랜드
『언제까지나 너를 사랑해』, 로버트 먼치 글·안토니 루이스 그림, B·B아이들
『친정엄마』, 고혜정 글, 나남
『할머니가 남긴 선물』, 마거릿 와일드 글·론 브룩스 그림, 시공주니어
『옳고도 아름다운 당신』, 박완서 글, 시냇가에 심은 나무
『강아지똥』, 권정생 글·정승각 그림, 길벗어린이
『빨간 머리 앤』, 루시 모드 몽고메리 글·조디 리 그림, 시공주니어
『새들은 시험 안 봐서 좋겠구나』, 한국글쓰기교육연구회 엮음, 보리
『뱃속 아기와 나누고 싶은 그림책 태담』, 김주희 글·김미선 그림, 한울림
『난 뭐든지 할 수 있어』, 아스트리드 린드그렌 글, 창비
『사과가 쿵!』, 다다 히로시 글·그림, 보림
『쏘피가 화나면—정말, 정말 화나면…』, 몰리 뱅 글·그림, 케이유니버스
『엄마의 의자』, 베라 윌리엄스 글·그림, 시공주니어
『좋은 엄마 학원』, 김녹두 글·김용연 그림, 문학동네어린이
『잘 자요, 달님』, 마거릿 와이즈 브라운 글·클레먼트 허드 그림, 시공사
『모모』, 미하엘 엔데 글, 비룡소
『틀려도 괜찮아』, 마키타 신지 글·하세가와 토모코 그림, 토토북
『잘난 척쟁이 경시 대회』, 앤드루 클레먼츠 글·강봉승 그림, 국민서관
『나이트 쉬프트』, 스티븐 킹 글, 황금가지
『나의 린드그렌 선생님』, 유은실 글·권사우 그림, 창비
『말리와 나』, 존 그로건 글, 세종서적
『잠옷 파티』, 재클린 윌슨 글·닉 샤랫 그림, 시공주니어
『헨쇼 선생님께』, 비벌리 클리어리 글·이승민 그림, 보림
『마틸다』, 로알드 달 글·퀸틴 블레이크 그림, 시공주니어